日本语教学与研究

姜述锋　著

北京工业大学出版社

图书在版编目（CIP）数据

日本语教学与研究 / 姜述锋著．— 北京 ：北京工业大学出版社，2025.7 重印
ISBN 978-7-5639-6882-4

Ⅰ．①日… Ⅱ．①姜… Ⅲ．①日语－教学研究 Ⅳ．①H369.3

中国版本图书馆 CIP 数据核字（2019）第 142181 号

日本语教学与研究

著　　者：姜述锋
责任编辑：张　娇
封面设计：点墨轩阁
出版发行：北京工业大学出版社
（北京市朝阳区平乐园 100 号　邮编：100124）
010-67391722（传真）　bgdcbs@sina.com
经销单位：全国各地新华书店
承印单位：三河市元兴印务有限公司
开　　本：710 毫米 ×1000 毫米　1/16
印　　张：11.5
字　　数：230 千字
版　　次：2021 年10月第 1 版
印　　次：2025 年 7 月第 3 次印刷
标准书号：ISBN 978-7-5639-6882-4
定　　价：35.00 元

前　言

从长期以来的日语教学状况来看，日语课程的教学还是延续着传统教学模式，以应试教育为主，教学内容主要围绕日语过级考试而展开，大多数日语课堂仍处于一种知识灌输的状态，课堂互动也只是停留在单一的问答模式上，甚至还存在无课堂互动的现象。传统日语教学模式没有充分利用现代化教学手段和网络资源，教学内容主要来源于课本。从学生的日语实际应用能力来看，日语听、说、写的能力普遍较弱，日语的教学效果很不理想。随着信息技术的发展以及文化元素的渗透，信息传递已呈现多元化、多维度发展趋势。

伴随大数据时代的到来，新理念和新技术不断涌现，信息技术与课程的整合也日渐深化，与之相适应的教学改革也呼之欲出。如何在日语教学中培养学生的创新思维能力，是一个值得广大日语教师认真探讨的重大课题。笔者从倡导合作互动、活化教材、拓展创新思维空间、立足“学用结合”、激发创新思维潜能、鼓励标新立异、培养学生的发散思维、增进创新思维深度等方面进行了尝试。为实现日语人才培养目标，深化教学改革，教学过程尤为关键。在日语教学中要培养学生的创新思维能力，激发他们的学习兴趣，尽快让他们形成自主学习习惯，使培养出来的学生不仅能掌握所学的知识，还能掌握学知识的方法，做到学以致用，学能活用。

由于笔者水平有限，书中若有不足之处，恳请广大读者批评指正。

目 录

第一章　日语教学基本理论

第一节　外语教学法的发展历程及诸流派

本节主要介绍的内容包括外语教学法的发展历程及外语教学法诸流派。其中，外语教学法的流派有语法翻译法、直接法、听说法、认知法、交际法、沉默法等。

一、外语教学法的发展历程

外语教学是一个复杂的过程，影响它的因素比较多。由于外语教学是学校教育的组成部分，它必然与其他学科的教学一样，受到教育学、心理学和教育领域一般教学论的影响。然而，外语是一门语言学科，外语教学法的主要理论基础是语言学。自语言学成为一门独立学科后，每一主要流派都有体现它基本理论的相应的外语教学法。但是，外语教学并不完全依附语言学，它具有相对的独立性。有的外语教学法（如直接法）并无相对应的语言学流派作为理论基础。因此，不能机械地将语言学流派与外语教学法看成一一对的关系。

据历史记载，最早谈论外语教学方法的是欧洲教育家马科斯•昆体良。他出生于西班牙，后去罗马教授希腊语。他的教学由四个步骤组成：朗读伊索寓言，写下该故事，口头讲述某段故事，写一篇短文。据说这一方法流传了很长一段时间。然而，16 世纪前外语教师的工作大部分仅为词汇和句子的讲解而已，并且直到 19 世纪初，有关外语教学的方法仍尚未形成系统的观点和理论。

外语教学法理论是在 19 世纪历史比较语言学的基础上形成的。20 世纪 60 年代之前，以语法翻译法、直接法和听说法为代表，一般称它们为传统的外语教学法。

20 世纪 50 年代末 60 年代初，语言学领域的生成转换语法理论取代了结构主义语言学的主导地位；几乎在同一时期，行为主义在心理学的主导地位被认知学派取代。语言学（当时为生成转换语法理论）与心理学（当时为认知学派）的结合产生了一门新的交叉学课——心理语言学。在此基础上，外语教学领域产生了一个新学派——认知法。

20世纪60年代末70年代初，随着另一门新兴学科——社会语言学的诞生，社会语言学家海姆斯提出了“交际能力”的概念，在外语教学界引起了强烈的反响，交际法学派随即迅速崛起。

认知法和交际法的产生改变了外语教学的方向，标志着外语教学告别了传统时代，进入了一个新时代。首先，传统外语教学法都以教师为中心，学生跟着教师被动地接受知识与技能，而认知法强调根据学生的认知规律进行教学，交际法着重培养学生主动交际的能力，使学生成为课堂的主人。其次，认知法主张发展学生创造性的思维，交际法注重语言的社会交际功能，它们分别从语言与思维、语言与社会两方面的关系上体现了语言的心理和社会属性，从语言的本质出发把握外语教学的方向，反映了当代的语言观。在认知法和交际法的带动下，出现了一批新的外语教学法。

20世纪70年代的教学法，除个别（如“全身反应教学法”是直接法的新形式）外，大多受认知法和交际法的影响，理论基础基本上是心理语言学和社会语言学。

20世纪80年代后，外语教学法的改革思路进一步拓宽，涉及的层面更为广阔，出现了观点和方法多样化的局面。在信息时代的推动下，应用语言学发展很快，不仅心理语言学与社会语言学领域对外语教学的研究不断深入，而且语言习得与语言学习的科研也取得了重要的成果，使外语教学法的理论与实践朝着纵深的方向发展。许多外语教学研究者不满足于将外语教学的改革仅局限于外语学科的范围内。他们认为，外语课的教学效果再好，也不过是一周几堂课而已。只有将改革扩大到整个学校课程改革的框架中，使外语课与其他课程相结合，才能进一步提高学生的外语水平。于是兴起了“沉浸法”“整体教学法”和“基于内容之教学法”“翻转课堂教学法”等外语教学法。实际上，这些方法在20世纪80年代前就已经存在，但经发展及赋予新的内容后，面貌大为改观。

但是，任何新教学法的兴起并不意味着旧方法的消亡。无论是传统的还是新兴的，外语教学法都是在一定的历史条件下产生的，都各有长处和局限性。重要的是，我们应该学习和掌握各种不同的教学方法的特点，根据具体的教学要求自觉地、灵活地运用它们，从而为不同的教学目标与对象服务。

二、外语教学法诸流派

（一）语法翻译法

1. 语法翻译法的产生

语法翻译法是外语教学中历史最长与使用最广泛的方法之一。无论在我国还是国外，早期的外语教学都普遍采用语法翻译法。18 世纪末，欧洲的拉丁语和希腊语的教学方法大多为语法翻译法。19 世纪盛行的历史比较语言学更为语法翻译法提供了理论基础：通过翻译的手段和比较母语与外语语音、词汇与语法的异同达到掌握外语和欣赏外国文学作品的目的。

2. 语法翻译法的教学原则及特点

语法翻译法的教学目的是培养学生阅读外语范文（特别是古典文学作品）和模仿范文进行写作的能力，以便在考试中取得好成绩。为达到此目的，教师系统传授、学生全盘接受外语语言知识。教师经常采用的教学方法为讲解与分析句子成分、词汇变化和语法规则。词汇教学多采用同义词与反义词对比和例句示范法。讲解与分析语法时基本上采用演绎法，即教师给出规则和结论，要求学生记忆和用规则解释课文。语法翻译法的教学特点表现在：

一是课堂管理采用教师权威模式，教学是教师向学生灌输知识的单向行为。学生很少提问，学生之间交流更少。

二是文学语言优于口语；在听、说、读、写四项技能中，重视读写，轻视听说。

三是课堂用语大部分是母语；通过翻译检查教学质量；练习方式有单句填空、造句、背诵课文和作文等。

3. 对语法翻译法的评价

学生语法概念清晰，词义理解比较确切，翻译能力得到培养。

语法翻译法能配合其他阅读与写作教学法，帮助学生提高阅读与写作能力。

教师的绝对权威地位有碍学生的主动性。学生学习被动，有些学生失去兴趣，学习困难的学生常缺乏学好外语的信心。

语法翻译法不能全面培养学生运用外语进行交际的能力，特别是口语能力。长期使用语法翻译法会使学生患上外语聋哑病。

由于语法翻译法具有上述缺点，因此初学外语时，不宜经常使用这一教学法。

（二）直接法

1. 直接法的产生

19 世纪末 20 世纪初，欧洲和北美洲等地加速了工业化的进程，国际交往日益频繁，各国对外语人才的需求迅速增长。采用语法翻译法培养的学生已不能适应时代的需求。语言学领域内出现了改革运动，以英国语言学家斯威特为代表的改革派强调口语和语音训练的重要性，推动了外语教学改革，与语法翻译法针锋相对的直接法便应运而生。直接法首先由法国人古因提出，后由他的弟子索斯在美国倡导，并由教育家伯里兹在教学中实施，由于他们的推广，20 世纪初直接法流传颇广。

2. 直接法的教学原则及特点

直接法的教学目的是使学生的外语能力接近以所学语言为母语的人的水平。所谓“直接”，是指在外语教学中排除母语的干扰，直接将外语与实物、图片和行动结合起来，因为外语学习应与儿童习得第一语言一样，起始于接近生活的口语，而不是文学作品中的书面语。直接法的教学特点表现在：

一是学生通过接触大量自然语言和看图片、幻灯片、电影，边实践边模仿，来掌握外语语音、词汇和语法，而不是通过教师详尽地讲解学习外语。因此，要求教师应以外语为本族语，如英语教师一般都是以英语为本族语的英美人。

二是教学中完全不使用学生的第一语言与翻译练习。语法教学采用归纳法，即学生接触了大量语言现象后进行归纳。

3. 对直接法的评价

学生通过听说外语和参加活动，接触和运用大量自然语言，有利于增强外语语感，提高外语实践能力，特别是听与说的能力。

学生积极参与课堂教学，学习主动性比较强。对小学生和初学外语的成人，直接法在激发学习外语的兴趣方面效果良好。

直接法难以教授复杂和抽象的语言内容和结构，因此一般不适合于高中和大学综合类外语课程教学。一些内向型学生也不提倡直接法，他们对直接法持消极态度。

完全排除母语与翻译练习使学生不易掌握一些复杂的概念，同时，使用过多外语迂回解释某一现象往往浪费了课堂上宝贵的时间。

（三）听说法

1. 听说法的产生

听说法是20世纪40年代末在美国形成的外语教学法。“二战”期间，美国军队进驻很多国家，军人急需掌握外语，美国政府委托数十所高校制订了军队外语培训计划，在密执安大学教授弗里斯等人领导下开展对军人外语的培训工作。弗里斯与他的合作者拉多长期从事外语教学工作并接受了结构主义语言学的基本观点。他们在丰富的实践经验的基础上，特别是通过军队外语培训等教学活动，创立了听说法。

2. 听说法的教学原则及特点

听说法以结构主义语言学和行为主义心理学为理论基础。结构主义语言学运用于外语教学时，明确地将语言能力分解成听、说、读、写四方面的技能。体现这一观点的听说法，就将培养学生外语听、说、读、写的实践能力作为教学目的。同时，结构主义语言学的美国学派大多持描写语言学派的观点，他们视口语为第一性，书面语为第二性。听说法的倡导者也认为，体现口语的听说能力的培养应优先于使用书面语的读写能力。因此，听说法有时也称“听说领先法”。听说法的教学特点表现在：

根据行为主义的基本观点，听说法认为外语学习是通过“刺激反应”形成习惯的过程。课堂上教师除了尽量用外语上课外，还大量使用录音、录像和电化教具作为刺激手段，并采取模仿和机械操练等方法强化学生的反应，巩固所学内容。

句型操练是听说法的基本特征之一。主张听说法的教材一般都根据语法和句子结构系统列举外语句型。它们不仅被安排在每一课的对话里，而且体现在课文后句型替换的练习中。上课时要求学生做大量快速反应的句型操练。

听说法认为学生在外语学习中的错误是第一语言干扰的结果，因此，应采取有错必纠的态度。对错误本身则采用“对比分析法”，将正确与错误的语言项目进行详尽的比较，让学生进行操练，以克服第一语言的干扰。

早期的听说法注重机械操练，语言练习常采用“最小单位对比”。如通过比较和操练“ship，sheep”“sake，shake”等仅有一个音素不同的成对单词发音，学生掌握正确的语音。语言结构练习采用句型操练。20世纪60年代，这种不利于学生创造性学习的教学方法受到批评，一些应用语言学者开始改进听说法，使操练朝着有意义和有利于实际交际的方向发展。其中最具有代表性的是波尔斯顿提出的“MMC”法，即机械操练→有意义的练习→交际性活动三步骤。第一步骤为早期的机械操练。第二步骤为有意义的练习，这时教师给出结合学生生活的情景，让学生在规定的情景中做语言操练。如做英语动词一般现在时第三人称单数后加“s”的练习时，提出问题“What do your parents do on weekends?”要求学生根据实际生活中的情况回答。在第三步骤的交际活动中，可请以英语为本族语的人来交谈，要求学生在交谈中尽量用所学语言结构等。这一方法颇受外语教师欢迎。

听说法提倡用外语上课，但它不像直接法那样完全排除母语。对于一些难以理解或抽象的词汇或语法结构，常用学生的第一语言做简短解释，以免浪费时间。

3. 对听说法的评价

使用听说法培养的学生敢于大胆、主动地与外国人交谈，外语实践能力（特别是口语能力）比较强。在运用外语时，语言结构比较规范，流利程度比语法翻译法培养的学生有明显的优势。

听说法提倡的句型操练对初学外语者帮助较大，已广泛运用于外语教学中。听说法采用的一系列语音教学与测试方法也常用于外语教学与测试中。

听说法最大的弊端是不利于发展学生创造性的思维。采用机械操练、模仿和简单重复的方式易使学生处于鹦鹉学舌的状态。学生长期跟着教师转，失去了学习的主动性。

听说法过分强调听与说的能力，放松了培养读与写的能力，不仅影响了实践能力全面提高，而且也使进一步发展听、说能力受到限制。

（四）认知法

1. 认知法的产生

认知法的理论基础是心理语言学。主张认知法的人认为，乔姆斯基关于“语言能力”的基本观点与认知心理学有关认知过程的理论应成为外语教学的指导原则。心理语言学形成之初，研究内容和方法都深受生成转换语法理论的影响，两门学科时而交叉，很难分辨它们的界限。这导致有些人认为认知法的理论基础是生成转换语法理论。但由于认知法的一些教学原则出自认知心理学的基本理论，因此，认为认知法的理论基础是心理语言学比较确切。

2. 认知法的教学原则及特点

从字面上看，认知法的教学目的与直接法和听说法一样，都是为了使学生的语言能力能接近以所学语言为母语的人的水平。但是，认知法所指的“语言能力”是生成转换语法理论所主张的内化语法规则的能力，它体现在听、说、读、写四种技能之中，而不同于直接法和听说法主要培养口语实践能力。

认知法的教学特点表现在：

认知法明确指出，外语教学应以学生的认知活动为主，而不应让教师主宰课堂。采取直接法和听说法的教师往往主观设计各种教学环节，而认知法要求教师的备课建立在学生认知的特点上，根据学生的认知过程进行教学。

认知法的一个重要特点是反对机械模仿，注重培养学生的创造性思维和创新精神。为此，认知法要求让学生明确每堂课甚至每一练习的教学目的，无论是学习语言知识还是技能训练都强调理解其中的内容，使学生能根据教学目标创造性地学习。

认知法的教学重视语法，必要时可用母语进行教学。然而，认知法的语法教学又与语法翻译法不同，它要求通过有意义的练习达到此目的。同时，认知法根据认知心理学的原理，强调教学必须遵循从已知（已经掌握的知识）到未知（新知识）的认识过程，它不同于语法翻译法大量使用的演绎法。

3. 对认知法的评价

认知法强调培养学生的创造性思维，这是传统外语教学法的薄弱之处。在外语教学中发展创造性思维和提倡创造性精神不仅能从根本上提高学生的外语水平，而且有利于加强对学生总体的素质教育，符合 21 世纪对人才的要求。

认知法主张外语学习必须理解语言规则，语言练习必须有意义并结合学生的生活实际，从而有利于调动学生学习的积极性，也有助于提高使用外语的准确性和得体性，而这恰恰是听说法所欠缺的。

使用认知法时，讲解语法必须恰到好处。若费时过多或讲解过于详尽，就可能走到语法翻译法的老路上去。同时，认知法强调语言练习必须有意义，全盘否定机械操练，而这在实际教学中并不可行。特别是在初学阶段，一定数量的机械练习是不可避免的。因此，如何控制语法教学和机械操练与有意义练习的比例仍然是认知法需要探讨的问题。

认知法的另一个缺点是未强调培养学生的交际能力。在使用认知法时应多开展课外活动，为学生使用外语进行交际提供更多的条件和机会。

（五）交际法

1. 交际法的产生

交际法的理论基础是社会语言学。社会语言学对语言教学乃至整个语言学界所做的重大贡献之一就是提出了交际能力的概念，使人们对语言和语言能力的认识有了质的飞跃。从历史比较语言学发展到结构主义语言学和生成转换语法理论，虽然对语言内部结构的认识一步步深入，并看到了语言的某些社会功能，但它们都未能将“语言能力”置于使用语言的社会框架中认真加以考察和分析。

1972年，当不少语言学家还陶醉于生成转换语法理论的创造时，社会语言学家海姆斯就对乔姆斯基语言能力的概念提出了挑战。在著名的“论交际能力”一文中，海姆斯认为，离开了使用语言的准则，语法规则是毫无意义的。海姆斯指出，交际能力是语法、心理、社会文化和实际运用语言等能力系统互相作用的结果。随后，英国语言学家韦尔金斯于1976年出版了《意念教学大纲》一书，尖锐地指出了传统语法大纲和情景大纲的局限性，详尽列举了语言交际中的意念（如时间、空间、数量和频率等）和功能（如请求、道歉、同意、许可、赞美、申诉和劝说等）项目。1980年，加拿大的卡内尔与斯温在《应用语言学》刊物上发表了长篇论文“第二语言教学与测试交际法的理论基础”，系统总结了关于交际教学法理论的探讨与研究成果，并提出交际能力应由以下三个方面能力构成。

一是掌握语法，包括词汇、词法、句法、词义与语音等方面的知识；

二是掌握语言的社会功能，指使用语言的社会文化规则与语篇规则；

三是使用策略，即为使交际顺利进行而采取的语言与非语言交际策略，后经不断充实，已具体到怎样开始会话、维持对话、要求重复、澄清事实、打断对方、结束会话等。

尽管这一框架未以发展的观点阐明各种能力的具体内容，但它比较全面地分析了海姆斯的原意，并且很具实用价值，得到应用语言学界的广泛认同。此后关于交际能力的讨论一般都采用卡内尔和斯温提出的框架，采用交际法的外语教学大多以此作为教学大纲的参考。

2. 交际法的教学原则及特点

为了达到使用语言进行交际的目的，交际法强调以学生为主体。在进行教学活动前，必须先调查学生的需要。在教学中根据学生的需要给予大量的语言信息并在每一个环节都让学生充分理解与积极参与。教学大纲采用意念—功能大纲。教材使用自然、地道和真实的原文，通常选取从各种书籍与杂志中节选的文章或电影、电视或电台报道片段等。由于交际法鼓励学生在实际生活中学习使用语言，因此他们的错误被视为学习过程中出现的自然现象而无须指责。

3. 对交际法的评价

交际法的具体方法十分多样，其基本精神是开展教师与学生之间有意义的对话或讨论，亦称“语言意义的谈判”。上课经常采取的形式有两人结成对子进行对话、4～6人为一组开展小组活动和全班讨论。情景的设计要求尽量真实，当前常采用多媒体手段进行教学并经常邀请说本族语的外国人与学生交谈，甚至辩论。虽然使用交际法时不可能详尽讲解语法，但交际法并不排除语法教学。恰恰相反，它的教学效果常取决于正确处理交际活动与语法教学的关系。如果完全取消语法教学，则学生语言质量会显著降低。总的来说，交际法比较适合于外语中级水平以上的学生。

（六）沉默法

1. 沉默法的产生

20世纪60年代，数学教师格特诺根据认知心理学的基本原则提出了沉默法，在70年代引起了外语界的注意。

2. 沉默法的教学原则及特点

沉默法与其他外语教学法不同：为了体现学生是学习的主体，教师不应大量“灌注”知识，而应尽量“沉默”；在学生学习外语时，应让他们多听与多思考，在动脑的基础上开口，这是另一种意义的“沉默”。其典型做法是使用图表和涂有各种颜色的小木棒通过启发式教学教授语音、词汇和语法结构。教师说出一个音素或单词后，先让学生多听几遍，在学生理解含义后自己开口使用语言。

3. 对沉默法的评价

沉默法的主要缺点是：由于周围环境都是本族语，学生接触的外语比较少，教师的语言，特别是师生对话，是学生获取知识的重要组成部分，教师沉默太多使学生失去了很多学习的机会。因此，这一方法一般只用于教学的某一环节，不能长期使用。

第二节　日语教学法的科学内涵

本节主要讨论的内容包括：日语教学与日语教学法；日语教学法的学科属性和体系；日语教学法的研究对象和任务；日语教学法的研究途径和方法；对日语教学法的认识误区。

一、日语教学与日语教学法

日语教学和其他教学活动一样，是一种有目的、有组织、有计划的活动。学生在教师的指导下从假名开始学习日语知识，逐步掌握听、说、读、写等日语技能，这是个极其复杂的发展过程，这个发展过程具有客观规律。日语教学法就是研究日语教与学的过程及其规律的科学。

日语教学法这一概念包括以下要素：日语、日语教学、日语教学法。日语是指日本民族使用的语言以及与语言交际息息相关的社会文化知识。日语教学是关于日语语言知识与技能的教与学的活动，具体指教师指导学生学习日语语言文化知识，掌握日语听、说、读、写等能力以及汉日语言互译能力、跨文化交际能力，同时帮助学生获得一定的身心发展，形成一定的思想品德的活动。学校的日语教学通常是指在一定的教学目标指引下，按照既定的教学计划和大纲，采用符合教学目标和教学对象实际的教科书，在具有日语教学技能、日语知识和日语能力的教师的具体指导下，针对特定的教学对象实施的活动。

日语教学法还是研究日语（作为外语）教学理论和实践的学科。日语教学法不仅研究日语教学的基本理论，还研究日语教学的具体方法，如讲授法、翻译法、演绎法、练习法等，还要研究针对不同国别、不同年龄段、不同固有知识水平的教学对象开展教学时需要采取的方法和策略。因此，日语教学法既是研究理论的科学，又是师生围绕日语知识与技能展开的教与学的实践活动。

二、日语教学法的学科属性和体系

（一）日语教学法的学科属性

关于日语教学法的学科属性历来有所争论，有观点认为日语学科教学论是外语学科教学论的一个组成部分。外语学科教学论是教育科学的一个分支，因为它的研究对象是教师、学生、教材、课程、评价等，所以日语教学法的学科体系也应该从属于教育科学。还有观点认为，日语教学法是从属于语言学的，是日语应用语言学的一个分支，因为指导学生掌握日语语言知识和言语技能是日语教学法研究的根本任务，日语教学法的研究离不开日语语言知识和语言文化背景，因此，日语教学法是日语语言学理论在教学中的实际应用。

我们认为这两种观点都有其合理性。日语教学法是一门涉及多学科的边缘性学科，与英语教学法、俄语教学法等同属外语分科教学法，是普通外语教学法的一个分支。普通外语教学法探讨各科外语教学的普遍规律，它来源于各科外语教学法，也指导各科外语教学法。日语教学法既是一个学科概念，又是高等师范院校日语教育专业的必修课程，是一个课程名称。

（二）日语教学法的体系

日语教学法的体系组成有两种含义：一是指它的广义内涵，又被称为亚体系；二是指它的狭义内涵，即教学法所包含的内容。

从广义看，日语教学法的亚体系由基本理论、基本知识、基本实践、基本操作、专业思想组成。

基本理论。基本理论包括一般语言观、心理观、教育观以及相应的规律、模式、原理，如语言知识和言语技能的统一、智力因素和非智力因素的统一、教学和教育的统一等。基本理论也包括具体的日语教学观点、原则、路子，如听说读写并举，语音、语法、词汇综合，学习和习得结合等。

基本知识。基本知识是基本理论的应用，包括各个方面的教学方法、各种类型的教学手段、技术的运用和使用，以及有关的道理和说明等。具体的语言知识教学法、言语技能教学法、课外活动组织法、现代化教育技术手段使用法，以及强化性和艺术性教学法等，都属于基本知识。当然，基本知识和基本理论的划分是相对的。

基本实践。基本实践是指初步把日语教学法基本知识和基本理论应用于教学实践的尝试。这种实践带有训练性质。但是在基本实践中，实践者也要努力发挥创造性。基本实践的主要形式是教育实习、见习、评议会、讨论会等，包括听课、备课、写教案、上课、批改作业、辅导、家庭访问、指导课外活动等一系列的教学实践。通过实践形成能力。

基本操作。基本操作是指日语教学中的技艺性或技术性的活动。如板书和黑板使用的整体设计、简笔画的画法和构思、各种电化教具的使用方法和操作技巧、在线课程指导等，这些都是日语教师的基本功，是本学科的组成部分。

专业思想。发自内心希望自己能成为一名合格日语教师的专业思想是学习和研究日语教学法学科的出发点和归宿。本学科的广度、深度、难度，学科教师发展所需要的思想修养、文化修养、逻辑修养等，都会促进日语教育研究者、工作者对之产生兴趣，进而转化为对日语教学工作的兴趣，这也会促进专业思想的树立和巩固。

教学是创造，教学法学科的发展是创造。抓住创造，教学法学科的基本问题就容易解决。学习教学法就是学习创造，研究教学法就是发挥创造性，创造就有价值，这是教学法学科发展的原动力。

从狭义看，日语教学法的组成主要分为两大部分：课程设计和教学思想。课程设计可分为教学目的、教学内容、教学流程、教学方法四个部分。教学思想是课程设计的指导思想和原则，课程设计是教学思想的体现。不同教学法体系首先表现在教学思想上，从而也体现在课程设计上。

教学思想是对语言特性及其社会功能、对语言掌握、对母语和日语掌握过程的异同等的认识以及组织教学过程的原则。

教学目的指确定课程的教学目的。教学流程指整个教学过程组织的设计，如课程整体安排、教学阶段的划分和衔接、课型和分工、课内教学和课外教学的配合和分工等。教学方法指课内外教学基本模式的设计。

三、日语教学法的研究对象和任务

日语教学法主要研究“为什么教（学）？教（学）什么？怎么教（学）？教（学）得怎么样？”等问题，归根结底是教学的基本过程。

教学过程是一个系统，首先体现的是由教师到学生的“人—人系统”，它是由教师、学生、教学目的及教材、教学方法等要素构成的。教学的培养目标决定课程的设置、教科书的选择和教学评价的方法、标准等，这与教育学、心理学联系密切。教学的具体内容是日语语言和日本文化，这与日语语言文化密不可分。教学过程中会应用到教学设备、现代教学技术手段，这涉及教学方法与策略。这些都是日语教学法要研究的重要课题。归纳起来，日语教学法的研究对象主要包括下列几个方面：

1. 日语教学的意义

关于日语教学的意义，应研究的问题有：第一，学习日语对于个人发展和国家建设的意义。第二，学制与学时。在哪一类学校、哪一个年级开设日语，学时多少。第三，日语教学的教育、教养、实用目的及其相互关系，日语教学在实用方面的总目的和各年级的教学目标与要求。第四，各级教育部门有关日语教学的规定。

2. 日语教学的内容

国家出台的教育政策规定了教学的内容和范围。教科书根据大纲的要求按照一定顺序编排、选择具体内容，因此研究“教什么和学什么”的实质是研究教科书问题，如编写和选用教科书的原则、分析教科书的结构和体系等。

3. 日语教学的方法

教学是师生的双边活动，要研究如何教必须先研究如何学。

属于如何学的问题包括：第一，学生在日语教学中的地位。第二，学生学习日语的心理过程。第三，从学习者角度看决定日语学习质量的诸因素，如学习态度、学习兴趣、学习动机、学习外语的适合性（素质）等。

属于如何教的问题包括：第一，日语教学法的理论基础。第二，各种外语教学法流派的理论和实践。第三，适合我国日语教学的理论、原则以及与此相对应的日语语音、语法、词汇基础知识教学和听说读写基本技巧的训练方法。第四，日语课堂教学和成绩考核。第五，除了传统的录音、录像、广播、电视外，最新的网络媒体对日语教学的影响等。

4. 影响和制约日语教学的要素

任何教学过程都是具体的，都是在一定的时空范围内开展的，有制约它的诸要素存在。例如，教学行政管理、教育政策、教师能力素质、教育评价机制等。要想解决为什么教、教什么和怎样教的问题，可以利用相邻学科的研究成果和理论，但是不能抽象、机械地引用，因为这些相邻学科的任务需要回答的问题与日语教学法不同。

教育学的任务是探索一般的教育教学规律，心理学研究人们一般的心理规律和接受一般教育、教学时的心理规律，语言学研究语言本质、人们习得语言和运用语言的一般规律，这些理论十分有助于日语教学法的研究，但是它们不能直接、具体地回答日语教学过程中的诸问题。不断地回答、解决日语教学过程中出现的新问题是日语教学法研究的根本任务。

四、日语教学法的研究途径和方法

（一）日语教学法的研究途径

以史为鉴。日语作为外语教学在我国已有百余年的历史。自1896年清政府在北京同文馆内设立东文馆（日文馆）起，我国就开始把日语作为外语纳入教育领域。可以说，日语教学在我国起源于近代，发展于改革开放以后。作为外语教学的一个分支，日语教学法研究受到以英语教学法为主体的外语教学法的影响。从外语教学法发展历程来看，我国的日语教学法先后经历了翻译法（语法翻译法、词汇翻译法、翻译比较法）、直接法、自觉对比法、口语法、视听法、认知法、自觉实践法、功能法等发展阶段和过程。每一种教学方法都有其合理性和不足之处，继承和借鉴已有的教学法，古为今用，洋为中用，取其精华，对丰富和发展日语教学法有现实意义。

吸收兼容。与日语教学法相关联的其他学科不断发展，不断取得新的成果，日语教学实践可以与之相结合，以指导教学实践，这也是丰富日语教学法的理论宝库。

借鉴国外。19世纪60年代日本经济崛起，日本成为世界经济强国，强大的经济实力也促进了日本的国际化发展，经济腾飞与生存压力、少子化等社会问题的产生促使日本政府以及民间团体纷纷采取措施，大量吸收海外留学生，这间接地促进了日本本土的日语教育者研究对外日语教学法。半个世纪过去了，这些来自日本本土的对外日语教学理论为我国日语教学提供了很多可供借鉴的经验。

（二）日语教学法的研究方法

1. 研究课题分类

日语教学法的研究课题，按照性质和作用可以分为两大类。第一类是理论性的，其表现形式为专题论文和专著。第二类是实用性的，其表现形式为各种教学文件和资料，包括教学大纲、教材、考题、工具书、参考书等。

2. 研究方法分类

社会科学的一般研究方法有：观察、文献分析、面谈、问卷、测试、总结、实践和实验等。

3. 研究工作的一般步骤

准备阶段。这个阶段有两项主要工作：准备研究条件和拟定研究计划。

准备研究条件包括：收集文献资料（文献分析法）；确定需要观察的班级及需要调查和收集的资料；编写调查测试用的考题、问卷；选定各项活动的对象（观察调查法）；准备实验用品（实验法）。

拟定研究计划包括：研究课题；研究的目的和意义；研究内容的提纲初稿；工作进程；各阶段完成日期。

准备条件和拟定计划这两项工作常常交叉进行。例如，要准备文献资料，先要取得课题，而要取得课题，又往往需要准备必要的条件。

计划实施阶段。准备工作基本就绪，开始按计划开展研究活动：阅读文献、调查、实验。在这一阶段必须做好文献摘录及各种资料的记录、收集、整理、分类等工作。

分析判断阶段。资料收集齐全、实验完成，就要对取得的各种资料从定量到定性两方面进行统计、分析、归纳、判断，得出有规律性的、有说服力的或者有启迪性的结论，形成观点。

表述阶段。有了资料，有了观点，就可以正式构思论文的结构和内容，把研究活动的结构用文字表达出来，写出言之有物、立论有据、有观点、有材料的论文。

在实践研究工作中，后几个阶段的活动也有可能有交叉。例如，在分析判断阶段，甚至在表述阶段，可能发现某些资料不足，因而需要再次收集资料，在对资料进行整理和分类时，就可能需要进行初步的归纳和判断。所以，上述工作步骤只能是一般的划分。

五、对日语教学法的认识误区

1. 否认日语教学法的科学性

认为教学法是语言学、心理学、教育学理论的拼装，不是一门独立学科，或者把教学法与应用语言学、心理语言学、社会语言学等同起来，认为与其学习教学法不如学习这些学科更有价值。的确，日语教学法与这些学科关系密切，但是，每一门学科都有其独特的研究对象和研究任务、研究方法，有助于日语教学取得最佳效果的只有日语教学法。

有些教师没有掌握日语教学理论，或者没有认真研究教学方法，对教学的认知来源于他的教师，在讲台上只是机械性地模仿自己的教师，属于感性认识、经验主义认识。这种模仿的方法不符合教学目标，难以保证教学质量、达到预期效果。如何上好一门课，如何上好一堂课，不懂得教学法的教师很难科学地做出回答，那么这节课、这门课的教学质量就可想而知了。

2. 把日语水平与教学法水平等同

认为日语水平高，就一定能做好日语教学工作。较高的日语水平是顺利教学的基础和教学质量的保证，但是，不是所有会日语、日语知识丰富的人都能做合格的日语教师。例如，不是所有的日本人都擅长日语教学；精通日语的翻译家不一定懂得教学法，不一定是优秀的日语教师。可以肯定地说，日语水平高的教师如果不懂得教学法，则教学水平不一定高。

3. 把教学法水平与口头表达能力混淆

口头表达能力强意味着教师能清楚表达思想意图。良好的学科基础、良好的口头表达，是保证教学质量的必要条件。但是日语教学是研究日语教学过程的学科，研究对象包括复杂多变的人，如果教师不懂得教学规律、人的学习心理等，口头表达能力再强，也难以把握教学的关键。所以口头表达能力强不是取得教学效果的唯一条件。

4. 对教学方法唯一性的认识

许多青年教师教学实践经验少，教育理论知识基本功不够扎实，在研究教学法时容易陷入标准唯一的误区，即希望在教学中找到一个模板，无论什么课程、无论面对何种教学对象，“一招鲜吃遍天”。如认为让学生动起来就是一堂好课，不顾是否适合教学内容、教学目的，一味地采取多种形式的课堂练习，流于形式；再如，认为教学法理论无用，教师可以各自为政，平行班教学时你用你的方法，我用我的方法，反对教学方法唯一。诚然，具体的教学方法是多种多样的，不能强求一律采用同样的方法。但是，这样的不一致是在教学基本理论指导下开展的，是对基本教学法理论的不同诠释和演绎，这是在创造性地灵活应用教学法，而不是无标准无原则的随意行为。

5. 过度强调学生的自主学习能力，忽视教师作用

在强调自我学习、独立学习、终身学习的今天，在信息技术高度发达、知识获得方式不断增多的今天，学生的自主学习能力的确有所提高，但是，教师的作用依然不能忽视。随着高等教育改革不断深入，对人才培养规格和质量的标准也不断提高，日语专业人才培养从精英型、研究型转变到应用型、复合型。这绝不意味着人才培养质量的下降，而是对学生专业能力的提高和知识领域的扩大提出的新的要求。在有限的课堂教学时间内完成更多的教学任务目标，意味着教师的有效学习指导必须达到新的高度，否则，学生靠自我摸索经验、死记硬背是难以完成学习任务的。因此，不能只重视提倡学生自主学习而忽视对教师指导学生学习的研究，不能忽视教师的作用。

6. 把握不好教与学的关系

有这样的教师，具有很高的日语水平，掌握一定的教学方法，有很强的责任心，希望他所教的学生都能学有所成。这也是一名优秀教师的标准。但是，在教学过程中，他总是担心学生学不会，讲授知识面面俱到，唯恐遗漏，认为学生只要跟随他的“指挥棒”就能学精学好，所以总觉得课时不够，对学生的学习指导全神贯注于讲授，而忽视学生的主观能动性。把握不好“如何教学生学习”的问题，归根结底还是没有把握好教与学的关系，这样的教学很难调动学生的学习积极性，也不利于学生自主学习能力的养成。

7. 把教学经验与教学法水平相混淆

作为一门学科，教学法的理论来源于教学实践，来源于前人对教学经验的总结，教学法理论又接受教学实践的检验，教师只有将教学法理论应用到教学实践中才算真正掌握。教学经验终究不等同于教学法理论，实践经验只有上升到理论高度才能指导实践，并且要经过实践的检验才可以称为科学理论。教师的教学活动是针对人的，学生不是实验品，不能用一届一届的学生做实验，有责任心和道德的教师不会把教学经验与教学法水平混为一谈。

第三节 日语教学法的理论基础

本节主要讨论的内容包括日语教学法与哲学、教育学、心理学、语言学、社会学的关系。

一、日语教学法与哲学

哲学，特别是辩证唯物主义认识论和方法论是日语教学法的指导思想的理论基础，是认识日语教学法中各种矛盾的本质和正确处理矛盾的根本武器。

在研究教育学科时，我们要肯定教学规律是客观存在的，不以人们的主观意志为转移，同时还要认识到随着科学的进步、时代的发展，我们对教学方法的研究也会随之发展变化。外语教学法体系经历了语法翻译法、直接法、自觉对比法、口语法、视听法、认知法、自觉实践法、功能法、交际法等阶段，每一个教学方法的出现，都是与各种方法相互交叉、互为补充的，是为适应当时社会历史时期外语教学需求而产生的。每一种方法的产生又对旧的教学方法产生了推进和促进作用，完善了旧的教学方法所没有涵盖的内容。辩证唯物主义关于发展的观点揭示了人们对外语教学发展和一般规律的认识过程。此外，任何教学法理论都要受到教学实践的检验。外语教学是一个多组成（教学内容的多样性）、多层次（教学目的的多样性）、多因素的复杂过程，存在多重矛盾，在观察矛盾的对立、统一和发展时，必须联系具体的时间、地点、对象、条件，注意矛盾的共性和个性，注意矛盾的主要方面，坚持具体问题具体分析。马克思主义哲学观点是我们研究日语教学法的根本思想武器。

二、日语教学法与教育学

教育学要求把日语教学作为整个教育活动的一个组成部分，促使学生全面发展，日语教学既是教育的目的，又是教育的手段。教育学所阐明的原理、原则对整个学校教育、对学校的各门课程都有指导作用。

教学论也称普通教学法，是教育学的一个重要组成部分或分支，它专门研究教学过程及其规律。教学论和学科教学法，包括外语教学法中的日语教学法，既有密切联系，同时又有区别。教学论研究学校各门课程的一般教学过程和规律，它所论述的教学原理、原则及教学方法是从各门学科教学法大量材料中分析、概括、提炼出来的，对各门学科的教学都有指导意义。而学科教学法在研究学科教学理论的同时，一方面要以教学论所阐述的原理和原则为指导，另一方面又以自己的研究成果充实和丰富教学论理论。教学论是教育学科中与日语教学法有直接关系的学科。

三、日语教学法与心理学

心理学是研究人们的心理过程，研究人们的思维、记忆、想象、意志等心理过程及其规律的学科。教学活动是师生的共同活动，教学的成败取决于师生双方的积极性。学习的过程是认知的过程，与心理活动密不可分。为把教学组织得合理并卓有成效，必须要关注教学实施者的教师心理和作为教学主体的学生心理，了解他们的一般生理和心理特点，掌握师生在教学过程中的心理规律、智力因素、非智力因素和个性因素的和谐作用。行为主义心理学和认知心理学的基本规律是指导日语技能训练和日语学习能力培养的重要依据。心理学可以指导教师和学生在教学过程中找到动机、自尊、自信、自觉性、自主感、记忆技巧及规律等。

教育心理学是与日语教学法紧密相连的学科。教育心理学关于学习动机、兴趣、学习知觉、表象、思维的相互作用的研究，关于掌握知识和技能的心理规律的研究等，都与日语教学法有着直接的关系。

心理语言学或语言心理学研究人们习得、学习和使用语言的心理规律，主要侧重于母语和第二语言的习得和学习等的心理规律，关注不同年龄、母语水平、学习环境和学习动因、学习内容对第二语言学习的影响，心理语言学的研究成果有助于日语教学法建立新的理论，对教学实践有指导作用。

四、日语教学法与语言学

语言是交际最重要的工具。学习语言不仅要注重它的物质结构，还要注重其交际功能。任何外语课程的最终目标都是要使学生利用所掌握的语言知识达到交际的目的。语言是思维的外壳，母语水平是思维能力的重要反映，母语思维习惯对外语思维习惯的养成具有干扰作用。语言和言语是不同的概念。语言是音义结合的词汇和语法的体系，言语是在特定的语境中为完成特定任务对语言的使用。语言和言语互为依存。语言的社会功能表现为言语时才能体现。言语要以语言为基础，不能脱离语言规则。语言是体系，言语是行为。语言和言语的关系表明，外语教学的最终目的应该是培养言语能力或交际能力，外语教学的内容不仅指语言知识，也指听说读写行为，教学方法不仅要根据学习语言知识的需要进行设计，还要根据培养听说读写的能力需要进行设计。

五、日语教学法与社会学

语言与社会的关系是辨证的，它们存在着错综复杂的关系。社会的本质是人和组织形式：人，确定了社会的规模和活动状态；组织形式，决定了社会的性质。语言是一种社会现象，是人类区别于动物的重要标志，是人与人交际的工具，也是使人与文化融为一体的媒介，它随着人类的形成而形成，也随着人类社会的发展而发展、变化而变化。文化也是一种社会现象和社会精神力量，是人们通过长期的社会实践所创造和形成的产物，是社会历史的积淀物。人类用语言创造了文化，文化又反过来影响了人类，促使人类走向更大的进步。自古以来，人类社会积聚下来的文化遗产给语言打上了深刻的烙印，人类的语言是人类社会文化中的语言，它与人类社会、人类的文化有着密切的关系。

此外，社会学要求教学集体的和谐，师生和谐，学生间和谐，教师间和谐，教师与学生家长的和谐，学生和家长的和谐。这些和谐是指心理上、认识上、情感上、行动上的和谐统一，和谐理论是学校教育、语言交际、语言学习理论的基础理论之一。

第二章　日语教学的构成

第一节　日语课程

一、日语课程概述

本节主要讨论的内容包括：什么是课程；有关课程的基本概念；课程结构及课程设定原则；高等院校日语专业的人才培养目标。

（一）什么是课程

课程是指学校学生所应学习的学科总和及其进程与安排。广义的课程是指由课程标准、教材、其他学习材料、教师和学生、教育环境等构成的一个生态系统，是学校为实现培养目标而选择的教育内容及其进程的总和，它包括学校教师所教授的各门学科和有目的、有计划的教育活动。狭义的课程是指某一门学科的学习方案。

教育理论对课程的内涵曾经有如下阐释：

1. 课程即教材

课程内容在传统上历来被作为要学生习得的知识来对待，重点放在向学生传递课程知识这一基点上，而知识的传递是以教材为依据的。所以，课程内容被理所当然地认为是上课所用的教材。这是一种以学科为中心的教育目的观的体现。教材取向以知识体系为基点，认为课程内容就是学生要学习的知识，而知识的载体就是教材，其代表人物是夸美纽斯。

2. 课程即活动

这种课程即活动的课程观的主要代表人物是杜威。杜威认为“课程最大流弊是与儿童生活不相沟通，学科科目相互联系的中心点不是科学，而是儿童本身的社会活动”。通过研究成人的活动，识别各种社会需要，把它们转化成课程目标，再进一步把这些目标转化成学生的学习活动。这种取向的重点是放在学生做些什么上，而不是放在教材体现的学科体系上。以活动为取向的课程，注重课程与社会生活的联系，强调学生在学习中的主动性，是一种探究性的教学。

3. 课程即经验

在泰勒看来课程内容即学习经验，而学习经验的获得是学生与外部环境相互作用的结果。他认为，“教育的基本手段是提供学习经验，而不是向学生展示各种事物”。这种观点强调学生是主动参与者，学生是学习活动的主体，学习的质和量取决于学生而不是课程，强调学生与外部环境的互相作用。教师的职责是构建各种情境，为每个学生提供有意义的经验。

可以说，课程即教材、即有组织的活动、即学习经验的观点，在一定程度上揭示了课程的内涵。但是，我们必须对课程概念做进一步的分析，才能正确认识课程的本质。

第一，课程文件是课程的预期和指导。

课程的实施是依据各级各部门颁布的各类课程文件实施的，如课程计划、教学大纲或课程标准等。它们既是学生学习的依据，也是教师行动的依据，但是，课程文件终究是对学生的学习和教师的教学所做的期望、设计或规定，处于设计、设想的状态，并不是教育情境中或课堂里实际发生的教育者的行动或学习者的实际学习行为，也不是实际发生了的教育结果。如果将课程的本质界定为各种载体，则课程是一个预期的或期望实现的计划或方案。因此，当我们对学生实际的学习结果进行测量与评价时，我们评价的就只是教材、教学大纲、课程计划等课程载体，而非对课堂中实际发生的教师行为和学生学习行为所进行的观测和考察，尽管这对课程评价来说是与课程密切相关的、最必要的信息。所以，课程载体就是反映课程本质的观点会导致课程评价背离评价的最终目标。因此，课程文件只是课程的预期、指导，不是课程本身。

第二，课程的载体所规定的是学习方案。

课程计划、教学大纲或课程标准等课程文件，以及教科书都属于课程的载体，但这些材料中设计或规定的，更多还是针对学生的学习行为。如在课程计划、教学大纲或课程标准中主要规定了期望学习者发生哪些变化或获得哪些素质（具体达到什么要求），为学习者选择哪些学习内容以及如何组织；在教科书中则为学习者选择了具体的学习内容，设计了各种具体学习活动等。尽管这些规定或设计对于教师的行动方案具有决定作用，教师的行动计划基本上也是根据所规定的学生学习计划来进行的，但教师的“教”和学生的“学”二者毕竟不是同一个客观存在。而且对于教师如何行动才能促进学生学习这些内容并达到所期望的目标，也不是课程计划、教学大纲或教科书等的重点。

可见，各种课程载体所规定的，更多的还是针对学习者的学习方案。

第三，课程是学习者的学习方案。

学习方案是实现教育目的的基本保证。不通过学习，受教育者不可能有任何其他途径获得教育目的所期望的各种素质或特征；不设计学习方案，教育目的的实现就成为无稽之谈。教育者的行动计划或教授方案，其根本目的、任务或作用，就是促进所设计的学习方案的实现，从而保证教育目的的达成。在实际开展的教育行动中，教育者依据行动计划或教授方案，对学习者施加刺激、作用和影响，以促进学习者能够从事先设计的学习方案中预先了解各种学习活动，从而产生期望的变化。因此，学习方案在整个教育活动中具有核心的地位。在教育行动中，学习者的学习是核心，是一切教育工作围绕的中心，一切教育上的努力都无非是为了促进学习者的学习；在教育计划中，学习方案的设计是核心，其他计划都是围绕着这一核心开展的。

就整个教育过程而言，在实际开展的教育行动中，学习者从事什么样的学习活动，其学习质量和效率如何，关键取决于（虽然不是完全受制于）计划阶段所设计的学习方案。因此，学习方案在整个教育过程中具有核心地位。从这个意义上来看，把“学习方案”这一教育过程中的客观要素单独拿出来，冠以“课程”的名称以示突出，也便于人们对它进行集中研讨，同时，这也更加符合“课程是教育的心脏”这一判断。正确理解课程本质，还要明确以下几个问题：

一是课程教材开发与课程管理要精致。

课程并非一般意义上的学习内容，而是在特定理念支持下，经过严格选择和组织的课程内容，这些内容和形式一旦确定就不能随意改变，这是因为课程乃是教育精致化的需要。

20 世纪初，随着人类知识总量的飞速增长，对教育内容的精致化提出了更高的要求；同时，越来越复杂而完善的教育制度也对教育内容精致化提出了要求，并提供了制度保障；简单地拼凑一些内容不能满足学习者对教育本身的要求，这就促使教育者对所授内容进行严肃思考，因此，在实际工作中要避免以下情况的出现，如编写教材时的拼凑行为；选用教材时依靠教师个人的好恶，有时甚至打上了利益的烙印；专业课程计划的讨论不严密、不深入、不慎重；课程设置缺乏国家或地方层面的标准，可以任意增减等。课程建设必须严谨认真。

二是课程建设也是教师的责任。

课程建设不仅是教育管理者的工作和责任，也是教师的责任和义务。许多一线教师往往对课程专家提供的课程开发方法与严格要求不理解，认为课程就是挑选一些供学生学习的知识，教师就负责按照教学大纲、教材讲授知识就可以了，不必如此烦琐地宏观了解课程问题。然而事实是，课程建设与教师息息相关。

教师是课程理念的提出者、推动者和开发者。教学理念不会凭空产生，而是从实践中得来的。到底什么样的课程、什么样的理念更能指导教学，什么样的课程最有利于学生，直接参与教学和研究教学的教师是最有发言权的。教师在教学过程中形成创意，然后不断发展，推动理念的形成，最后形成课程并开发出来。

教师是课程的研究与撰写者。课程的生成与编写只有体现教师的参与性，才能更加有效地指导课堂教学，因为课程最后是要通过教师实施的，课程是否能够有效实施，教师是最有发言权的。因此，课程的编写需要教师的智慧和参与。

教师是课程的直接实施者。教师研究分析课程，并结合学生的实际情况编写教案，让课程的理念和知识能够落实。

教师是课程评价机制的促进者。教师通过课程的实施，对课程和课堂教学提出评价，经过不断完善，最终形成课程和课堂教学的评价机制。

总之，从课程的提出开发、研究撰写到实施评价，教师都发挥着重要的作用，教师的参与体现在课程的各个环节中。

三是要承认教师课程教学的创造性。

事实上，教师对课程的实施必须是创造性的，因为课程要得到有效实施，一方面需要教师根据课程标准和教材实施要求填补一些内容，另一方面课程中一些不符合实际之处也必须及时得到修正。而且，教师修正课程也是课程管理组织赋予的权利，只是这种权利的范围受到限制，这并非对教师创造性的束缚，而是课程的本质所在。

如果将课程只看作课程文件、教材，课程改革就成了重新挑选课程内容、编写教材，或是如何实施新课程的活动。课程是为实现一定的教育目的而设计的学习者的学习计划、学习方案、学习过程以及所获得的学习结果。根据这一理解，在课程这一方案或计划中，核心的问题是“学习”，课程的目标就是方案中所确定的学习目标，课程的内容就是方案中所规定的学习内容，课程的组织就是方案中所设计的学习方式，课程的实施者是教师，课程的主体是学生。

（二）有关课程的基本概念

1. 教学计划、教学大纲、课程标准、课程方案

（1）教学计划

教学计划包含两层含义：

教学计划通常指学校和教师对教学工作的设想和安排。一般有学年或学期的教学进度计划、教材的单元教学计划及一节课的教学计划等。

教学计划等同于课程计划，指国家教育行政部门根据一定的教育目的和培养目标制定的各级各类学校教学和教育工作的指导性文件，它具体规定了学校应设置的学科、各学科的教学顺序和各学年的教学时数，并全面安排学校的各种活动。这里探讨的教学计划属后者。

（2）教学大纲

教学大纲指国家教育行政部门规定学校各门学科的目标任务、教材纲目和教学要点的指导文件。它以纲要形式规定了各学科的知识、技能、技巧的范围和结构，体现了国家对各科教材与教学的基本要求。

教学大纲一般由说明与本文两部分组成，前者扼要说明本学科的教学目的与任务、选择教材的主要原则与依据、教学方法的建议等；后者具体列出本学科教材的篇章节目、内容要点、上课时数、实际作业（实验、练习、实习）的内容与时数以及其他教学活动的时数等。

（3）课程标准

课程标准指确定一定学段的课程水平及课程结构的纲领性文件。

课程标准一般包括课程标准总纲和各科课程标准两部分。课程标准总纲是对一定学段的课程进行总体设计的纲领性文件，规定了各级学校的课程目标、学科设置、各年级各学科每周的教学时数、课外活动的要求和时数以及团体活动的时数等；各科课程标准是根据课程标准总纲，具体规定各科教学目标、教材纲要、教学要点、教学时数和编订教材的基本要求等。1952 年，课程标准总纲改称为“教学计划”；各科课程标准改称为“教学大纲”。

（4）课程方案

与课程总纲、教学计划、课程计划同义，在国内外的有关课程文献中，间或有人使用这一术语。

在以上几种概念中，“教学计划”“教学大纲”由苏联引进，是从俄语直接翻译过来的。从 1952 年开始一直沿用至今。“课程标准”实际上是在我国使用最早的一个概念。1912 年 1 月，教育部公布《普通教育暂行课程标准》，之后曾长期沿用这一概念。中华人民共和国成立初期也曾颁布过小学

各科和中学个别科目的课程标准，至1952年刚好沿用约四十年。目前我国台湾地区的中小学仍使用课程标准一词。从这个意义上来看，课程标准是我们本民族长期使用过的一个固有概念，而教学计划、教学大纲则是舶来品。并且，教学计划在使用过程中还容易出现歧义，让人误解为教师的教学进度计划。1986年我国颁布了九年义务教育教学计划，正式用“课程计划”取代了“教学计划”，但“课程计划”一词仍不规范，是一个过渡性概念。2000年我国开始了新一轮课程改革，教育部于2001年、2003年先后颁布全日制义务教育阶段各学科课程标准和普通高中阶段各学科课程标准，以课程总纲和分科课程标准分别取代教学（课程）计划、教学大纲，提高了术语的科学性。

2. 课程设置、课程编订、课程规划、课程设计

（1）课程设置

课程设置是指各级各类学校开设的教学科目和各科的教学时数。研究课程设置的结果，只能产生教学计划，不能产生教学大纲和教科书。

（2）课程编订

课程编订是指研究、实验、编辑审订学校课程的全过程，课程编订的结果包括教学计划、教学大纲和教科书。课程编制、课程研制与课程编订基本同义，可以交替使用。

（3）课程规划

课程规划是指教育行政部门对学校课程编制工作的宏观考虑、组织和安排，包括确定课程范围、选择参加课程编订的人员、提供必要的研究条件和其他方面的组织领导等。

（4）课程设计

课程设计是指学科专家、教育理论专家等专业人员对学校课程的专门研究，包括分析课程目标、确定课程类型（例如，是采用学科课程还是综合课程、活动课程或核心课程）、研究教材选择的范围及其排列顺序和教学时数等。

3. 教育目的、培养目标、课程目标、教学目标

（1）教育目的

教育目的是指国家根据社会政治、经济的要求及人自身发展的需要确定的培养人的总目标和教育工作的总方向，它规定着把受教育者培养成为什么样的人的根本性问题，与教育方针基本同义。

（2）培养目标

培养目标是根据国家教育目的或方针制定的各级各类学校的具体培养要求。

（3）课程目标

课程目标是指学校课程本身要实现的具体目标，对一定教育阶段的学生在发展品德、智力、体质等方面期望达到的程度，实际上也就是学校培养目标的具体化。课程目标一般包括学科目标、单元目标和课时目标三个层次。在我国，课程目标一般由国家统一规定。

（4）教学目标

教学目标是指由学校或教师确定的一定教学阶段所要达到的教学要求，它具体包括学期目标、单元目标和课时目标。教学目标通常由教师依据国家规定的课程目标确定。

4. 显在课程、潜在课程

（1）显在课程

显在课程亦称“正式课程”“官方课程”，与“潜在课程”“非正式课程”相对。显在课程是指为实现一定的教育目标而正式列入学校课程计划的各门学科及有目的、有计划、有组织的课外活动，其按照编制的课表实施。

（2）潜在课程

潜在课程亦称“隐蔽课程”或“非正式课程”，与“显在课程”相对。它是广义的学校课程的组成部分，主要特点是潜在性和非预期性。它不反映在课程计划中，不通过正式的教学进行，通常体现在学校和班级的情境之中，包括物质情境（如学校建筑、设备）、文化情境（如教室布置、校园文化、各种仪式活动），以及人际情境（如师生关系、同学关系、校风、班风、教师态度等）。通过这些情境对学生的知识、情感、信念、意志、行为和价值观等方面起潜移默化的作用，促进或干扰教育目标的实现。需要指出的是，由于“潜在课程”这一概念非常宽泛，目前学术界对之也尚无定论，因此使用这一概念时应持慎重态度。

5. 必修课、选修课

（1）必修课

必修课是指根据课程计划的统一规定，所有学生必须修习的课程。

（2）选修课

选修课是指依据不同学生的特点与出路，允许个人选择修习的课程。从不同的角度出发，我们可以将选修课划分为不同的种类。

从开设形式上来看，选修课可划分为单科性选修和分科性选修两类。单科性选修指对某门课的选修，分科性选修指侧重于文科课程或侧重于理科课程的选修，分科性选修又称为多科性选修。

从学习要求上来看，选修课可分为限定选修课和任意选修课。

从内容上来看，选修课一般可分为三类：学术性选修课、技术性选修课和趣味性选修课。其中学术性选修课在实践中往往又包含两类类型：一种是高深类学术选修课，另一种是拓宽类学术选修课。

所谓高深类学术选修课，是为提高或加深相应的必修科目的程度而开设的，目的是使学生对相应必修科目的基础知识的理解更深厚，更扎实。这一类选修课的名称一般与相应的必修课的名称相同，但是内容加深、程度提高。例如，基础日语 1、2、3、4 和高级日语 1、2 是必修课，高级日语 3、4 则作为选修课。必修课是基本要求，选修课是较高要求。

所谓拓宽类学术选修课，是为介绍各种综合性的基础科学、科学史知识、科学研究方法论，以及最新的科学成就而开设的选修课。这类课程可以采取综合课程、核心课程等形式开设。

（三）课程结构及课程设定原则

课程结构是指课程各部分的组织和配合，即讨论课程各组成部分如何有机地联系在一起的问题。一般来说，无论采用何种划分标准都可以覆盖全部课程，例如，“必修课＋选修课”“分科课程＋综合课程”“学科课程＋活动课程”等，总和就是课程结构中的所有内容。

必修课是由国家、地方或学校规定，所有学生必须修习的课程。选修课是指为适应学生兴趣爱好和劳动就业的需要而开设的、可供学生在一定程度上自由选择修习的课程。一般来说，选修课的内容可以是知识方面的，也可以是技艺方面的或职业技术方面的。选修的方式可分两种：一种是指定选修课，即把有关选修课分成几组，规定学生必须选修其中一组或在各组中选修一两门课；另一种是任意选修课，让学生自由选择，甚至可以跨年级选修。选修课的开设要遵循由低年级到高年级逐渐增多的原则，但要控制在一定范围内。

活动课主要指兴趣小组、班团活动、课外辅导等，是学生在教师指导下获得知识技能的途径之一，也是促进学生心理发展的途径之一，它对调动学生的积极性、主动性，培养学生解决实际问题的能力和创造性精神，培养兴趣特长，丰富学生的精神生活，培养学生的思想品德，促进学生的个性发展等，起着重要作用。因而，活动课越来越受到重视。社会活动课是为了让学生更好地了解国情、了解社会，同时培养学生活动能力而安排的走出校门的社会实践活动，是学习课程结构中的一个必要组成部分。

一般而言，在内容和时间上，要以必修课为主，侧重基础课，还要顾全社会需求和学生特点，开设一定比例的选修课，并把课外活动和社会实践活动也纳入课程计划中，这对学生的全面发展有益。

教育部新一轮课程改革的一个重要举措就是减少课堂教学时数，增加实践教学课时量。按照规定，各高校日语专业的专业课程时数要控制在2700～2900学时，比过去减少近1000学时，同时，实践课程比例大幅度提升。课时结构的改革，导致各高校日语专业的课程改革遇到了瓶颈——课程如何设置才能既保证完成教学内容，又保证人才培养质量。这其中最关键的问题，一是技能类、知识类、素养类学科以何种比例为宜；二是必修课、选修课、活动课、社会实践活动之间如何协调；三是如何对2800左右学时的专业课程进行分类，找出其典型模式。这就是课程结构要解答的问题。

在一个专业的课程体系中，如何选择和决定课程科目和课时、选修和必修种类、开设顺序，是一个复杂的工程，需要遵循如下原则。

（1）处理好直接经验和间接经验的关系

日语学习既是知识的学习，也是技能的学习，课程本身是以间接经验形式存在的，但是学生需要具体参与实践才能完成“从概念到经验”的转变。直接经验不仅是感性经验，还可以发展到更高层级的认识水平，所以学习语言不能仅停留在课堂练习、课外活动上，更要体现在课程设置上，改变既有的课程传统，协调好知识传递课程与实践性课程的关系，这样将更有效地提高学生的发展水平。这个原则体现在日语课程建设上，就是合理设置实践型课程、知识型课程，改变“只有教学过程重视实践，课程设置轻视实践”的现状，让学生在实践中成长。

（2）处理好人文主义与科学主义的关系

人文主义课程或者课程中的人文主义主张：在课程的目的上，重视人，崇尚个性；在课程内容上，提倡广泛的课程范围；在课程的实施过程中，充分地尊重、热爱学生。也就是说，人文主义课程观就是“课程的功能是要为每一个学习者提供有助于个人自由发展的、有内在激励的经验”。科学主义的课程主张：在课程目的上，强调科学本身的价值和力量，课程要为发展服务；在课程内容上，提倡和推崇科学，重视各门学科知识在学校教育课程体系中的地位，不断增加内容、吸收科学发展新成就；在课程实施上，对于方法和形式同样讲究科学性和效率，即使关注学习者的兴趣、爱好等，也是从获得好的学习成果出发的，而不是从学习者的个性发展需要本身出发。近几十年来，我国的课程设置中还存在着“科学主义课程影响较大，但科学精神苍白；人文主义课程呼声较高，但是没有真正占上风”的现状。因此，课程改革的一个重要任务不是要克服某一方面的弊端，也不是仅仅协调好二者的关系，而是这两个方面都要进行“基本建设”，在课程中同时加强人文精神和科学精神。在日语课程建设方面，不仅要加强专业知识的科学选择、传递，还要关注学生个性化成长需求和人文素养的提升。

（3）处理好知识和能力的关系

知识与能力之间存在着相互联系和统一的关系，一定能力是知识获得的必要条件，一定知识是能力形成和提高的基础；知识与能力之间又存在着相互独立性，知识是概念和理论系统，能力是心理机制，知识的量的积累不一定会导致能力提高，能力的形成除与知识相关外还有自己的规律和特征。课程要在学生获得知识的同时培养他们的能力，就必须选择那些具有较高价值的知识，并且，必须讲究知识获得的方式。就智力发展的过程来说，内部动作和外部动作同样不可缺少。课程不应该只是理论、概念、规则的“说明书”，而是要留有余白，规范地引导学生改变学习方式，进行各种主动的学习，促使他们积极地形成概念、发现规律、总结方法和法则，并在这一过程中真正地把知识和能力统一起来。

（4）处理好个人与社会的关系

社会本位的课程思想服务于培养忠于国家公民的需要；个人本位的课程思想主张“教育应以个人的天性发展为目的”。从历史上看，社会本位的课程更多地成为主流，而社会进步的标志之一在于个人价值的承认、个人享有自由和权利的增加和个性发展的理想逐步实现。因此，课程改革的目标是强化个人本位课程的理想、改变课程大一统倾向、满足学生不同需求、增加课程弹性、加速课程多样化等。体现在日语教学中就是增加选修课程，为学生提供更多的发展空间和机会。

（5）处理好分科与综合的关系

课程的分科与综合在不同历史阶段有不同的意义。古代课程偏重综合，近现代课程重视分科，当代课程有向综合化发展趋势。划分分科还是综合的界限不仅仅在于课程内容上，更在于课程的目标与追求。分科课程追求的是学生掌握不同门类的理论知识及其系统，不强调独立课程外的知识间的相互联系。例如，日本文学史课程忽视日本的历史背景，只从文学流派发展过程设计课程。综合课程突出和强化的是课程之间的联系，能够让学生全面、整体认识各学科之间的内在联系。分科课程和综合课程有各自的独立价值，但是二者的联系是绝对的，独立是相对的，分科的彻底取消和分科的唯一论都不可取，缺乏综合和缺乏限制的综合都不适当。就课程和学习者的认知而言，同时包括分化和综合的课程设置才是合理的。就日语课程改革而言，增强课程的综合化，发展一体化课程是改革的重要任务之一。

综上所述，针对高校日语专业的课程改革，我们提出了课程设置的基本原则，至于专业必修课、选修课的制定等具体问题，还需要我们依据对学生的研究，对当代社会生活的研究，对学科的研究，根据人才培养的目标，科学合理地设定课程。

（四）高等院校日语专业的人才培养目标

2013 年教育部对高等院校课程改革提出了新的要求，提出要围绕教学目标设立课程，要坚持知识、素质、能力的统一，突出核心课程，开设特色课程。在人才培养目标上，提出了要培养在世界舞台上具备跨文化交际能力人才的目标，具体来讲就是：能运用日语获得最新信息，能运用日语学习最新知识，能通过日语进行跨文化交际，能运用日语开展科研和创新，不一定专门从事与日语相关的工作。为完成这些目标，需要设置相应的课程，构建合理的课程体系，凸显不同培养目标下的课程特色，培养不同规格的特色人才。研究日语课程类型的目的在于使日语课程结构和课堂教学更加规范化、标准化、体系化，从而促进教学质量的提高。

二、日语课程标准与教学大纲

我国于2001年、2003年颁布了义务教育阶段和高级中学阶段的课程标准，高等院校日语专业的课程标准尚未颁布，目前执行的纲领性文件是基础阶段和高年级阶段的教学大纲。因此，本书对课程标准的讨论仅以初高中阶段为例展开，对教学大纲的讨论以高等院校日语专业为例展开。

（一）初高中阶段的课程标准结构

国家颁布的课程标准主要分为前言、课程目标、分级标准、实施建议和附录几个部分。

前言对日语课程改革的背景（日语教育面临的时代挑战及改革与发展的趋势、日语教育对学生发展的价值和意义）、课程性质、基本理念和课程设计思路做了说明。

课程目标包括总体目标和分级目标，其中义务教育阶段为一至三级，高中阶段为四至六级。总体目标为培养初步的（义务教育阶段）和基本的（高中阶段）综合语言运用能力，为学生的终身学习和发展奠定基础；分级目标按 1 ～ 6 级分别描述学生在各个级别能够用日语做什么。

分级标准从语言知识、语言技能、文化素养、情感态度和学习策略几个方面分级别描述学生经过学习能用日语做什么。语言知识包括语音、词汇、语法，语言技能包括听、说、读、写，文化素养包括文化背景知识、言语行为特征和非言语行为特征，情感态度包括兴趣动机、自信意志、合作精神、祖国意识和国际视野，学习策略包括认知策略、调控策略、资源策略和交际策略。其中，对语言技能提出一至六级标准，以体现学生语言技能发展的渐进性；对语言知识、文化素养、情感态度和学习策略分别提出义务教育阶段一至三级和高中阶段四至六级标准，以体现教学内容的灵活性。

实施建议分为教学建议、评价建议、教材编写建议和课程资源开发与利用建议。教学建议和评价建议先明确注意事项，然后从语言知识、语言技能、文化素养、情感态度和学习策略五个方面提出具体建议。教材编写建议在提出总体要求的基础上，规定了必须遵循的四项原则：思想性原则、科学性原则、趣味性原则和灵活性原则。课程资源开发与利用建议说明了课程资源包括有形资源和无形资源。有形资源主要指直接用于课堂教学的教材、有利于学生学习日语的课外学习材料及相关设施；无形资源主要指学生的学习和生活经验。其中，教科书是日语课程资源的核心部分，要求学校在教育主管部门的指导下，选择经过全国中小学教材审定委员会审查通过的日语教科书，保证课程标准的贯彻实施。同时，可以适当选用国内外优秀教学资料，用以补充和丰富课堂教学内容。

（二）初高中阶段的课程标准特点

2001 年 7 月我国颁布的《基础教育课程改革纲要（试行）》明确指出：课程标准是教材编写、教学、评估和考试命题的依据，是国家管理和评价课程的基础。2001 年和 2003 年出版的《全日制义务教育日语课程标准（实验稿）》和《普通高中日语课程标准（实验）》是在世纪之交，国务院颁布《关于基础教育改革与发展的决定》并进一步明确“加快构建符合素质教育要求的基础教育课程体系”任务背景下研制的。其基本特点是：

注重社会主义核心价值体系在日语学科中的渗透，突出日语课程本质属性，强调语言的工具性和人文性及其在日语课程中的体现，这在历次日语教学大纲和课程标准中尚属首次。

在课程理念上注重日语课程的价值追求，每一条理念都力求对日语课程发展具有比较普遍的指导意义。例如，《普通高中课程标准》遵照国家基础教育课程改革的精神，在义务教育的基础上继续贯穿素质教育，提出六条基本理念：①重视共同基础，构建发展平台；②提供多样选择，注重人生规划；③精选课程内容，鼓励实际运用；④优化学习方式，促进自主学习；⑤改善评价体系，促进学生发展；⑥利用现代技术，开发课程资源。其中，“提供多样选择，注重人生规划”是根据高中学生的特点特别提出的。

日语课程目标的确立采用国际通用的分级方式按能力水平设定为六个级别，旨在体现不同年龄段学生的学习需求及日语课程的整体性、灵活性、开放性和发展性。

课程内容强调情境学习、活动学习，通过围绕话题完成交际性任务等形式培养综合语言运用能力。综合语言运用能力的形成不仅需要掌握语言知识和语言技能，提高文化素养、陶冶情操、运用有效的学习策略也是培养这种能力不可缺少的。

课程标准倡导以学生为主体，尊重个体差异，提倡任务型教学模式，重视学习过程。同时，致力于建立新的课程评价体系，主要体现在评价主体多元化、评价方式多样化、评价目标多层次等方面。

提出教材编写建议，提倡广泛利用和开发课程资源等，在这两个方面比以往的教学大纲有较大突破。

这一课程标准不仅仅是对教学内容，特别是知识点的具体规定，更是对学生经过一段学习之后其结果的行为描述，范围涉及一个完整个体发展的三个方面，即知识与技能、过程与方法、情感态度与价值观。课程标准不是最高要求，而是面向全体学生共同的、统一的基本要求；课程标准隐含着教师不是教科书的执行者，而是课程的开发者；课程标准是课程质量的主要标志，统领课程的管理、评价和督导。

从“教学大纲”到“课程标准”不仅仅是改变名称和调整文本结构，更是一个充满探索、创造和建设的改革实践过程。日语课程的整体设计思路从知识与技能、过程与方法、情感态度与价值观等方面规定课程的目标和内容，从义务教育阶段起，建立一个以学生发展为本、系统而循序渐进的日语课程体系。这一课程体系将培养学生综合语言运用能力定为总目标，而这种能力的形成建立在学生的语言知识、语言技能、文化素养、情感态度和学习策略综合发展的基础之上。其中，语言知识和语言技能是围绕话题运用日语开展交际性活动的基础，文化素养是实现得体交际的前提，情感态度是影响学生学习和发展的重要因素，学习策略是提高学习效率、发展自主学习能力的重要保证。这五个方面相辅相成，共同促进学生综合语言运用能力的形成与发展。

（三）高等院校日语专业教学大纲的结构

教学大纲是指学校每门课程的阶段性教学纲要，其中包括教学目的、教学要求、教学内容以及讲授和实习、实验、作业的时数分配等。它是根据教学计划，以纲要形式规定一门课程教学内容的文件，其包括这门课程的教学目的、任务，教学内容的范围、深度和结构，教学进度以及教学法上的基本要求等。有的教学大纲还包括参考书目、教学仪器、直观教具等方面的提示。教学大纲是选择或编写教科书、教师进行教学的主要依据，也是检查和评定学生学业成绩和衡量教师教学质量的重要标准。

我国于2001年颁布了《高等院校日语专业基础阶段教学大纲》和《高等院校日语专业高年级阶段教学大纲》，分别规定了日语专业1、2年级（基础阶段）和3、4年级（高年级阶段）的教学目标、教学内容、教学原则、教学评价以及有关教学的几个问题，为制定基础阶段、高年级阶段的教学计划、教材编写、测试评估提供了依据。

（四）一门课程或一套教材的教学大纲

1. 为什么要编写教学大纲

第一，教学大纲是学校教育必须要有的文件。由于课程的教学目的、内容和方法都在教学大纲中做出具体的或原则的规定，可以说，教学大纲是课程设计的物化，是日语课程教学的指导性文件。

第二，教学大纲也体现了一定的教学法体系。由于不同的教学大纲对教学目的和要求的表述、对教学内容的呈现形式，对教学模式或方法的规定都会有所不同，因此不同的教学法体系有各具特点的教学大纲。

第三，教学大纲不是课程标准。教学大纲重点涉及的是教学问题，它是用来指导教学实际工作的；课程标准重点涉及的是课程问题（当然也涉及了教学问题），它是用来衡量课程设置的。虽然从内容上看课程标准和教学大纲都包含了教学问题，但是教学不等于课程，大纲不等于标准，教学大纲也不等于课程标准。

第四，教学大纲有助于建立正常的课堂教学秩序，保证教学质量。教学大纲明确规定了教学内容、培养规格，有助于使不同学校、不同班级所培养出来的学生在本学科领域具有大致相同的知识水平和技能水平。

由于在课程教学过程中，每一门课程、每一门课程的不同阶段都呈现出教学目的、教学要求的多层次性，教学内容的多呈现性，教学方法的多样性，因此，我国各级学校的每一门课程、每一阶段的课程一般都要求编制教学大纲。

2. 教学大纲的编写结构

通常在编写教学大纲时，采用如下的结构：

①课程的性质或课程在教学计划中的地位和作用、教学对象、总学时数。

②教学目的和教学要求。

③教学内容（内容提纲）及计划。

④必要的说明（组织教学的说明、教学方法与手段）。

⑤测试或考核。

⑥使用的教材或参考书目。

3. 教学大纲的编写原则

教学大纲的编写结构或编写顺序，由于课程的特点不同，往往有所不同。需要根据课程标准的总要求，结合培养目标，根据以下原则，具体考虑制订方案。

（1）思想性和政策性

必须以国家的教育政策和方针为指导，以教育主管部门审定和颁发的课程标准为依据，正确处理教学大纲中的诸问题。

（2）科学性和整体性

要体现科学的、符合实际情况的教学思想，正确规定课程的性质或在课程中的地位（如日语课程是文化课还是工具课、是必修课还是选修课），注意同有关课程的联系和配合（如听力课与会话课的联系和配合），各级学校设置的课程还要注意相互间的衔接（如写作课程与阅读课程的衔接）。

（3）先进性和稳定性

要恰如其分地规定课程的教学目的和教学要求，规定的目的和要求一般要略高于多数班级、多数学生当前能够达到的程度，以促进当前的教学。这个目标还必须是多数班级和多数学生经过努力能够达到的，从而使大纲在一定时间内保持稳定。

（4）教学适用性和继承性

要根据科学发展水平，根据现有教学实践经验和有关教学原则确定和安排教学内容，使之能保证教学目的的实现，又适合学生的接受能力。

（5）执行的灵活性

要保证在执行时有一定灵活性的可能（如把部分内容列为非必学、某些技能的要求分为基本要求和提高要求、教学时间的计算留有余地等）。

三、日语教科书

（一）教科书

1. 教科书的性质和作用

教科书又被称为课本、教材，是实现课程标准（教学大纲）规定的教学目的和教学要求的重要教学工具，是保证课堂教学质量的重要物质条件。教科书是教师传授课程知识、组织教学活动和培养技能的主要依据，是学生获取课程知识的基本来源和发展技能的主要指南。

所以，教育主管部门总是十分重视教科书的编写工作，对一般的学校课程都要求必须有教科书。诚然，有的课程，主要是大学的专业课，可能由于某种原因没有教科书。但是这样的课程都要指定必读的教学参考书，并要求学生记听课笔记。

2. 教科书与课程标准（教学大纲）

教科书依据课程标准（教学大纲）精神和规定编写，教科书是课程标准（教学大纲）和各项规定的具体体现。但是，教科书与课程标准（教学大纲）不同，教科书不是教学文件。课程标准（教学大纲）毕竟只是课程教学的“纲”，并不能起到教科书的作用。课程标准（教学大纲）和各项规定需要由教科书来具体体现。教科书有教科书的作用。同一份由教育主管部门审定的课程标准（教学大纲），容许编出两种以上各具不同特点的教科书以供选用。在大学里容许某些课程暂时没有教科书而以指定的教学参考书和笔记来替代。

由于课程标准（教学大纲）只是“纲”，对许多问题只可能做原则规定和表述，所以在按课程标准（教学大纲）编写教科书时，编者对课程标准（教学大纲）的精神和原则规定会有不同的理解，编写出来的教科书对体现大纲精神和原则规定会有程度上的差异。同时，还会由于编者的理论水平和教学实践经验不同，编写出来的教科书特点会有所不同。因此，同一份课程标准（教学大纲）有两种以上各具特色的教科书是正常的，对贯彻课程标准（教学大纲）也有益。

为使编写出来的教科书能充分体现课程标准（教学大纲）精神并具有特色，编者必须十分熟悉标准（大纲），对标准（大纲）有深入研究；还必须具有相当的学科水平和教学经验，并能在正确的教学思想指导下运用学科知识和教学经验。特别是一些大学课程的教科书，既是学科科学水平的反映，又是学科教学经验的体现。因此，教科书编写是一项创造性的劳动，一些优秀的教科书往往与科学专著相提并论。

基础日语教科书的编写同样是一项创造性劳动。诚然，基础日语教科书并没有很多理论内容，许多语言材料都是选用的，但编者如果没有一定的语言理论水平和教学法理论水平，没有相当的日语实践能力和丰富的教学实践经验，则难以编写出能充分体现课程标准（教学大纲）精神并具有特色的日语教科书。

（二）普通教科书的编写原则

不同学校的不同课程，在性质和内容上有相当差异，教科书的作用和特点也有区别。因此，教科书的编写原则和要求也就不同。但是，下列各项编写原则是编写各门教科书都应该遵循的。

1. 思想性

应遵循马克思主义的立场、观点和方法，妥善处理教科书的各个问题；要根据学科特点、通过具体的学科内容，或体现辩证唯物主义和历史唯物主义，或体现爱国主义和国际主义，或体现精神文明和高尚的道德风貌，使学生学习后在思想道德上有所进步。

2. 科学性

不同课程的教科书，由于课程的性质不同、任务有别，因此教学内容所能反映的科学水平有高有低，范围有宽有窄。但是，书中的内容应该符合学科的研究成果、正确无误，学生学了之后能够解决实际问题，而不会导致学了不能用或学后会形成妨碍进一步学习和提高的不正确概念和习惯。

3. 体现课程标准（教学大纲）精神

教学内容的深度和广度、应用题和练习的难易程度等，都要体现大纲的规定，符合大纲规定的课程教学目的和要求的需要，使学生学习以后能获得大纲规定的知识和技能。

4. 便于使用

编入教科书的教学内容除了应该充分体现大纲的规定之外，还应该为在教学中实行因材施教或个别对待原则提供条件，使学有余力的学生能够学得更多，使学习比较吃力的学生能够达到基本要求。为达到这一目的，可把练习分为必做和选做两部分，可以提供非必读的阅读材料等。

为了便于使用，教学内容的编排方法要尽可能使周学时数不同的班级使用起来同样方便，使上新课使用和复习使用同样方便。

日语教科书宜把主要教学内容——课文置于醒目的位置，提供全书的总词汇表，在介绍规则较多的范畴知识时，可以把规则集中置于表格中而把实例集中置于表格之后。

5. 讲究形式

教科书不仅要讲究内容，还要讲究形式。不仅要讲究字体、装帧等方面的形式，编者在编写时也要注意到教科书的形式。

教科书除了表述部分要文字通顺、段落有序、条理清楚，使学生易懂易会之外，还要配以符合内容需要、符合学生年龄特点和知识水平的插图和表格。这些图表要正确、清晰、美观，使学生能借助这些图表更好地掌握知识和技能、提高学习兴趣。

（三）日语教科书的编写原则

日语教科书要反映日语教学规律，合乎日语教学原理、原则的要求。从教学法角度来看，一本好的日语教科书必须体现下列几项原则。

1. 教科书要为培养目标服务

无论是选用现成的教科书，还是自编教科书，首先要看教科书能否为培养目标服务。基础日语的教学目的决定了日语教科书是实践性的，而不是理论性的。教科书要保证学生把日语作为交际工具来掌握，即具有能用日语进行交际的能力。因此，教科书对日语基础知识讲解的深度及广度、课文的选择、练习体系的安排都要有利于培养目标和教学目的的实现。总之，选用或组织编写教科书一定要和培养目标相一致。

国内外已经出版的日语教科书是为不同的培养目标服务的。有的侧重于口语，有的侧重于阅读，有的注意全面训练。选用教材，必须从培养目标出发，不能脱离教学目的，盲目选用教科书。比如《日本现代文读本》是一部以短期内能读懂一般日语图书、报纸、杂志为目的而编写的教材，因此不能选择此书作为基础日语教材。

如果是编写教科书，首先要认真研究课程标准或教学大纲，明确培养目标，在叙述语言材料、选择课文、安排练习体系时都要认真做到使教学内容、教学法体系符合教学目的，为培养目标服务。例如，外语教学与研究出版社出版的《新经典日本语》系列教材，就是以《高等院校日语专业基础阶段教学大纲》为依据，参照日本国际交流基金《JF 语教育标准 2010》对相应学习阶段的要求，结合日语专业教学的全新发展而编写的，做到了与课程体系紧密结合，纵向内容循序渐进，体系完整，同时结合语言学习中输入与输出的关系，不同课型之间做到横向衔接与配合，从而有效提高学生的语言综合运用能力。该教材在注重了以学生为中心的同时，还融文化于语言学习中，关注学生跨文化思辨能力的培养，具有时代性和实用性特征。

2. 教科书要符合教学对象的特点

教科书必须有针对性，要符合教学对象的特点。不同的教学对象对教科书的要求各不相同。中学和大学因教学目的、学生年龄、智力的不同，使用的教科书自然也不一样。

由于学习者母语的不同，对日语教科书也应提出不同的要求。各国外语教学实践证明，使用针对学生母语编写的教科书远比使用为操各种语言的人学习日语而编写的教科书教学效果要好。我国使用的日语教科书，要体现操汉语的学生学习日语的特点。汉语与日语既有相同之处，又有不同之处。相同之处有益于日语的学习，不同之处干扰日语的学习。只有在对比汉日两种语言结构、词汇的基础上，针对我国学生学习日语的难点、特点而编写的日语教科书才是理想的教科书。

3. 教科书要贯彻思想性、科学性的原则

一本好的日语教科书应当在思想内容方面有利于社会主义思想教育。日语课的思想内容主要是通过教科书的课文、例句反映出来的。因此要注意课文、例句的思想性，把思想教育寓于语言教学之中。

在日语语言知识的讲解方面要符合科学性原则。日语语言知识的讲解、例句和练习的编写应当通俗易懂、概念清楚，要符合现代日语的规范，反映日语研究的最新成果。

总之，一本好的日语教科书应当是实践性、思想性、科学性的高度统一，要正确处理好这三方面的关系。

4. 教科书要反映一定的教学法体系

日语教科书在我国属于外语教科书，编写或选用任何一种日语教科书都要以一定的外语教学法体系为理论指导。目前在外语教学中的主要方法有口语法、认知法、功能法等。在编写日语教科书时，编者一定要把反映当代外语教学法最新成就的某一种外语教学法体系作为编写教科书的指导思想。教师在使用教科书时也应分析研究编者的教学法指导思想，并在教学中加以贯彻。

如由北京大学出版社出版的《综合日语》第一册，编者在前言部分明确指出：“本教材没有采用传统的日语教学法体系，而是在近年来日本对外日语教学中常见的语法系统的基础上，结合中国人也学习日语的特点，归纳总结出一套更加实用、更加科学的语法系统。”虽然编者没有明确指出这套教材采用了何种教学法体系，但是分析该教材可以看出：该教材的课文形式以对话为主；内容设计主要是不同场合、不同语境下的语言表达；练习体系多以仿说、看图说话、角色扮演等类型为主，虽然在阅读理解方面也编写了课文，但是会话部分的内容更多，分量更重。因此，我们认为，该教材是属于注重各种语境下语言实践能力培养的交际法教材。教师如以该书为教材，在教学中就应采用交际法，这样就能使编者和教师协调一致，发挥原教材的长处，达到既定的教学目的。

5. 教科书要贯彻普通的教学原则

普通的教学原则反映了各科教学的共同规律。因而一本好的日语教科书也必须贯彻系统性、连贯性、科学性、直观性等普通的教学原则，但这些原则在日语教科书中有其特殊表现形式。

教科书使用要有相对的稳定性，不可经常改换。频繁改换教科书会使教师无所适从，也无法积累经验。一本教科书必须经过教学实践的检验才能对它做出科学的评价。教学实践证明：采用一种新的教科书一定要比旧教科书好，否则就不要改换。一套教科书各册之间要相互衔接，有一定的连贯性。在选用日语教科书时还要注意教学法体系的连贯性，比如，一年级用口语法教材，到二年级不要改用翻译法的教材。

教科书的内容要生动活泼，引人入胜，分量要适宜，能被学生接受。教科书的形式要美观大方，文字大小适宜，清晰易读，给学生以好感，唤起求知欲。为了培养学生的交际能力，要在一定情景中学习日语，因此教科书要有适量的插图、照片等，或者直接采用彩色印刷，从而增强视觉愉悦效果，减轻视觉疲劳，提高学生的学习兴趣。

编写日语教材要以日语教科书为中心。除教科书外，还要编写教师参考书、学生参考书及与教科书相配合的辅助教材、录音录像教材等。如外语教学与研究出版社出版的《新经典日本语》系列教材，包括了基础、听力、会话、阅读与写作等课型的相关教材，在互联网广泛普及、教育技术手段不断进步的当今，为适应立体化教学要求，不仅为学习者提供了与教材配套的光盘，还为教师编写了完善的多媒体教学课件，为教师提供了系统化的教学培训支持。

系统化的教材编写，为提高教师水平，总结和积累教学经验，培养新教师，建立科学的日语教学法体系，提高教学质量，开展教学研究提供了有利条件。

（四）日语教科书的结构

按不同的教学法体系编写的教科书，虽然结构、体系不同，但课文、词汇、句型、语法、练习等仍有共性，对这些部分也应当提出一定的教学要求。

1. 课文

课文提供了大量语言材料供学生学习。它是学生获得日语知识的源泉，因而也是教科书中最主要的部分。

为了培养学生用日语进行多方面交际的能力，课文的题材、体裁、功能意念项目要多样化。在题材方面应包括日常生活、社会生活、文化生活、科技活动以及日本的历史、地理、风俗、习惯等，如科普知识、语言知识、文体活动、旅游、购物、饮食、健康，以及个人情感、人际关系等内容。在体裁方面应包括散文、故事、小说、传记、应用文、记叙文、诗歌等。在功能意念项目方面应包括社会交往（问候、告别、道歉等）、态度（同意与否、喜欢与否、可能与不能、意愿打算等）、情感（高兴、忧虑、遗憾、同情、愤怒、恐惧等）、时间（频度、时段、时序等）、空间（位置、方向、距离等）、存在（存在与否）、特征（形状、颜色、规格、材料等）、计量（长度、宽度、高度等）、比较（相似、差异比较等）、逻辑关系（因果、目的、并列、转折等）、职业（工作、单位）等内容。

课文既要包括本课文中新学的语言材料，又要包括需要巩固、复习已学过的语言材料，使新旧语言材料有适当的比例。注意利用学过的语言材料讲解新的语言材料。按教学法要求一篇课文中生词与旧词的比例是 1 ∶ 15，平均有三四项语法知识。当然这个比例数不是绝对的，但一篇课文不宜含有大量的新语言材料，这点是肯定的。课文的篇幅要逐渐加大，但不宜过长。一本好的日语教科书应当保证已学过的语言材料在教科书中有较高的复现率。

编写课文是一项很难的工作，编者既要注意思想性，功能意念项目和题材、体裁的多样性，又要注意新旧语言材料的比例关系。一本好的教科书要把这几个方面有机地统一起来。

2. 词汇

在编选教材时要处理好词汇的数量、词汇的选择、词汇的复现等问题。

应掌握的词汇总量以及各年级应掌握的词汇量，教学大纲中已有规定。但如何挑选词汇，却因编者对选词标准认识的不同而异。从国内外出版的几种主要日语教科书中挑选的词汇差别也较大。日语词汇浩如烟海，挑选什么词大有讲究。造词首选要有目的性。基础日语的教学内容涉及社会各个方面，因而造词要有广泛性。国外编写教材选词的经验可供我们借鉴，如教科书的编者组织各行各业人员开座谈会，对每一个发言都要录音，然后从录音中以及有代表性的文学、社会科学、科普作品中统计出复现率最高的五千个单词作为教科书最基本的词汇量。

新学的词汇只有在教科书中多次复现才能记住、会用。因此一本好的教科书一定要保证单词的复现率。记忆心理学证明：刚学过的单词忘得最快，所以要及时组织复习，以后还要按时安排和调配单词重复的次数。有的专家认为，假如一个单词在一课书中能重复 10 次以上，学生就有可能记住。以后再逐课有计划复现 15 ～ 20 次，就能保证学生牢固地记住所学词汇。

3. 句型

句型是学生初学日语的基础、起点。在日语的入门阶段是以句子为单位进行教学的，不要孤立地学习语音、词汇、语法。

日语句型种类繁多，数量很大。根据基础日语教学的目的、任务，学生大约掌握 300 个即可。

4. 语法

按不同教学法体系编写的教科书，在处理语法总量上分歧很大。在按口语法编写的教科书中没有专门的语法注释部分。而按翻译法编写的教科书中不但有语法注解，还会注意母语语法与日语语法的对比。尽管按口语法编写的教科书中表面上没有语法注释部分，但在课文、练习的编排上还是有计划地安排了语法项目。

基础日语教科书应当配合课文安排一定的语法项目，但纯属实践性质，语法知识的讲解应力求实用、简明扼要。语法与句法同时并进，将语法材料分成一些小的项目有计划地分配到各课中去。先以句型引路，当积累一定量的感性知识后再归纳成语法规则。

语法材料的安排要与课文密切配合，不能脱离课文孤立地安排语法项目。语法材料还要和词汇配合，一篇课文的难点不宜多。如词汇量大，就少安排些语法项目，反之亦然。

教科书或补充教材中要有一定的语法图解、表格、简笔画，以便帮助学生更好地理解语法规则。

5. 练习

练习对学生掌握日语语音、语法、词汇的基础知识和听说读写的基本技能，发展智力，培养交际能力有着重要作用。因此练习是教科书的重要组成部分，在评价一本教科书时，练习是一个重要方面。

练习编排得好坏直接影响教学效果。从教学角度看，编排练习时应注意下列几个问题：

练习要有目的性。教科书中编排的每一项练习都应是学生巩固某一项语言知识、发展言语技能不可缺少的。练习应当是最基本的，分量不宜多，但要精。

练习要交际化、多样化。基础日语的教学目的是掌握日语，并应用于实践。这些技能要靠交际化、多样化的练习。同时，这样的练习还能引起学生的学习兴趣。

练习要形成体系。教科书中的练习不能杂乱无章，要按一定的教学法的原理来编排，使练习系统化、科学化。比如一些常用的日语教科书的练习多半是按学习过程理论编排的，分为认知练习、模仿记忆性练习、变换性练习和选择性练习。

6. 教学参考书及相关音声资料等

作为优秀的外语类教科书，需要配备必要的教学参考资料，如教师参考用书、学生学习用书、学生练习手册、词汇语法配套练习、扩展阅读读本等；还要配备必要的音像资料，如课文生词朗读、课文场景模拟演示、带慕课或微课设计的网络资源包等。这些参考资料的提供，可以有效地解决因教材篇幅、计划制约，语言材料不充分、不生动，教师讲解不透彻等问题，为教师教学提供指导，为学生自主学习提供便利。

以上，我们阐述了教科书的作用和一套好的教科书应具备的条件。但再好的教科书也代替不了教师的讲解。所以，在教学过程中教师一方面要根据教科书进行教学；另一方面又要对教科书进行加工和补充，尽量发挥教科书的长处，弥补它的不足，这样才能够不断总结使用教科书的经验，创造性地进行教学。

第二节　日语教学

一、日语教学原则

此部分主要讨论的内容包括：什么是教学原则；掌握教学原则的意义作用；普通教学原则体系；日语教学原则体系。

（一）什么是教学原则

教学原则是根据教育教学目的而制定的指导教学工作的基本要求。它既包括教师的教，也包括学生的学，应贯彻于教学过程的各个方面和始终，是反映人们对教学活动本质性特点和内在规律性的认识，是指导教学工作有效进行的指导性原理和行为准则。一般来说，教学活动越是能够符合教学原则，教学活动就越是容易成功；反之，教学活动越是背离教学原则的要求，教学活动失败的可能就越大。由于教学活动是在不断发展的，并且教学模式多种多样，不同的教学模式需要不同的教学原则与之相适应，因而教学原则也处在不断变化与发展之中。

（二）掌握教学原则的意义作用

教学原则对教学活动的顺利有效进行有着指导和调节意义。它能够为教师提供积极有效地开展教学活动的依据。

教学原则在一定程度上决定了教学内容、教学方法与手段、教学组织形式的选择。巴拉诺夫指出："教学论原则决定教学方法。选择教学方法和论证其效果有赖于作为这些方法基础的教学论原则。教学论原则体系，就是对学习和掌握教材的基本途径的总的说明。"

科学的教学原则在人们教学活动的实践中被灵活有效地运用，这对教学活动有效有利地开展，对提高教学活动的质量和效率都有着积极的作用。

（三）普通教学原则体系

教学原则是在总结教学实践经验的基础上制定出来的。由于教学目的和教学实践面临的课题不同，教育家的哲学观点和对教学过程规律的认识不同，所制定的教学原则就有所不同。因而古今中外教育著作中提出的教学原则的名称、数目、内容和体系纷繁不一。例如，夸美纽斯依据感觉论的认识论和当时发展起来的一些自然科学知识来论证他的教学原则；第斯多惠是从学生、教材、教学条件和教师等方面提出他的"教学规则"的；当代苏联教育心理学家 I. B. 赞科夫从教学促进学生一般发展着眼，提出了理论知识起主导作用、使学生理解学习过程、使全班学生包括后进生都得到发展等教学原则。美国 J. S. 布鲁纳依据认知派的结构主义心理学，提出动机原则、结构原则、程序原则、反馈原则等。当代教育科学对教学原则做了如下规定：

1. 教学整体性原则

教学整体性原则包含着两重含义：一是教学所承担的任务具有整体性，教学任务的完成应是完整的、全面的，不能有任何方面的偏废；二是教学活动本身具有整体性，教学是由一系列教学要素构成的一个完整系统。

2. 启发创造原则

启发创造原则是指教师在教学活动中要最大限度地调动学生学习的积极性和自觉性，激发他们的创造性思维，从而使学生在融会贯通地掌握知识的同时，充分发展自己的创造性能力与创造性人格。

3. 理论联系实际原则

理论联系实际原则是指教学活动必须坚持理论与实际的结合和统一，用理论分析实际，用实际验证理论，使学生从理论和实际的结合中理解、掌握知识，并在这个结合的过程中学会运用知识。

4. 有序性原则

有序性原则是指教学工作要结合学科的逻辑结构和学生的身心发展情况，有次序、有步骤地开展和进行，以期使学生有效地掌握系统的科学知识，同时有效地促进学生身心的健康发展。

5. 师生协同原则

师生协同原则是指在教学活动中，教师在充分发挥自身作用的同时，还要充分调动学生的积极性和主动性，使教学过程真正处于师生协同活动、相互促进的状态之中。其实质就是要处理好教师与学生的关系和教与学的关系。

6. 因材施教原则

因材施教原则要求教师在教学活动中，从学生的实际出发，根据不同教学对象的具体情况，采取不同的方式，进行差异性的教育，使每个学生都能在各自原有的基础上得到充分的、最好的发展。

7. 积累与熟练原则

积累与熟练原则是指教学活动应该使学生在理解的基础上，获得广博、深厚和牢固的基础知识、基本技能，形成良好的个性品质，进而使他们对知识、技能的掌握能够达到熟练和运用自如的程度。

8. 反馈调节原则

反馈调节原则是指在教学活动中，教师与学生从教和学的活动中及时获得反馈信息，以便及时了解教与学的情况，并能够及时有效地调节和控制教学活动的顺利开展，达到提高教学效率和教学质量的目的。

9. 教学最优化原则

教学最优化原则是指教学活动中，要针对对教学效果起制约作用的各种因素进行综合调控，实施最优的教学，取得最优的教学效果。

（四）日语教学原则体系

关于外语教学原则，教学法界观点不一，有主张交际性或以实践性为唯一原则的；有主张交际性和考虑母语两个原则的；有主张交际性、考虑母语和语言国情三原则的；有主张交际性、四会并举、阶段侧重、考虑母语四原则的；还有主张在四原则基础上增加以学生为中心的五原则的。

日语教学原则是日语教学规律的反映，是在一定的教学原理指导下对学生掌握语言知识和语言技能的基本路子、途径的总说明。不同的外语教学法流派的理论根据不同，对外语教学规律的认识也不同，对反映教学规律的教学原则的认识也不一致。日语教学首先要遵循教学一般原则，还要根据语言学、心理学、教育学、生理学、系统论等科学的最新研究成果，吸取各教学法流派的优点，制定适合我国学习者开展日语教学的基本原则。

21 世纪教育的终极目标就是培养全面、和谐发展的人才。作为国民教育的一个组成部分，日语教学也肩负着这个使命。人的发展包括内因和外因两个因素。内因是指正常的健康的个体身心内部发展要素，主要有两个方面：一是遗传素质，二是人的主观能动性。遗传素质是生物因素，是人的发展的物质基础和前提条件。遗传素质的成熟程度，制约着人的身心发展过程和阶段。主观能动性属于心理范畴，人的主观能动性的性质、方向和水平都离不开教育的培养和塑造。人的发展的外因是指影响个体发展的一切外部客观条件，它包括自然条件和社会条件，在外语教学中通常被称为语言教学环境。人的发展内部因素和外部因素是通过实践活动和教育活动实现和谐统一的。人的发展是教育的宏观目标。外语教学的具体目标是掌握语言知识，培养语言技能，实现这一目标，必须通过教师的教学实践和学生的语言实践来完成。日语教学原则必须遵循教育方针，符合教学规律和语言学习规律，为完成语言教学的根本任务服务。

二、日语教学目标体系及要求

此部分主要讨论的内容包括：日语教学的内容目标（义务教育阶段和高校日语专业基础阶段和高年级阶段的教学目标）；日语教学的能力培养目标（语言知识教学、跨文化教学、语言技能教学、情感态度教学、学习策略教学）。

任何一种教学活动都是在一定的目标体系指引下进行的。日语教学论对日语教学的内容体系做了明确规定，但是内容教学还是以知识和技能为根本的。按照现代教育观念的要求，我们在学科教学中不仅要获取知识，掌握技能，还要从人的综合素质提高的角度，对日语教学提出相应的能力目标。在教学过程中，教师要关注培养学生的各种能力，促进日语知识与技能的掌握，从而促进学习者综合能力的提高。因此我们从内容目标和能力培养目标两个层面来揭示日语教学的目标体系。

（一）日语教学的内容目标

义务教育阶段日语教学的内容目标按照义务教育阶段日语课程总目标的分级要求，从语言知识、语言技能、文化素养、情感态度和学习策略五个方面提出具体的内容标准。其中，对语言技能提出三个级别的内容标准，而对语言知识、文化素养、情感态度和学习策略只提出第三级的内容标准，以体

现教学内容的灵活性，便于操作。（注：以下内容参照国家课程标准义务教育阶段日语课程内容标准）

1. 语言知识教学的内容目标

语音教学的内容包括：能熟练背诵五十音图，认读并按照声调符号正确读出所有用假名书写的词语；初步掌握各类声调以及最基本的用言活用形式的声调变化；了解元音的清化现象；掌握陈述句、疑问句、感叹句、祈使句等各类句子的基本语调；能用接近正常的语速和比较标准的语音、语调朗读课文，进行简单的会话。

词汇教学的内容包括：初步了解日语词汇的音读和训读；掌握约 800 个常用词的基本词义和用法。

语法教学的内容包括：了解日语在语序和句子结构上的特点、主要词类的基本功能和常用助词的基本用法；初步掌握用言的基本活用形式；掌握部分常用接续词和副词的用法，以及有关时间的主要表达方式；掌握陈述句、疑问句、感叹句、祈使句等各类句子的基本用法。

2. 语言技能教学的内容目标

语言技能教学对听、说、读、写四项技能共分三个层级提出内容目标。一级为低级目标，三级为高级目标。

听的一级目标为：能听懂简单的授课；能听懂课堂活动中简单的指令并做出适当反应；能听懂语速慢、程度相当的话语或录音材料；能在非语言提示（如图片、手势等）的帮助下，听懂有个别生词的语段。二级目标为：能听懂基本的课堂提问；能听懂课堂活动中的指令并做出适当反应；能听懂语速较慢、自己所熟悉话题的语段；能借助提示听懂语速较慢、有个别生词的短小故事。三级目标为：能听懂一般的课堂提问；能听懂接近正常语速、话题熟悉的语段；能听懂连续的指令并根据要求完成任务；能通过语境和非语言提示推测生词的意思，把握语段的主题，获取主要信息。

说的一级目标为：能根据实物、图片或动作正确说出单词，发音基本正确；能恰当运用一些最常用的寒暄语；能就所熟悉的话题做 2 ～ 4 个回合的问答。二级目标为：能利用非语言提示，简单描述自己熟悉的事；语音、语调基本正确；能用较慢的语速，提供五六句个人信息；能就所熟悉的话题做 4 ～ 6 个回合的问答；能用较慢的语速进行简单的值日报告。三级目标为：能就熟悉的话题提供信息，表达个人的意见；语音、语调基本正确；能用接近正常的语速，简单描述周围的人和事；能就所熟悉的话题做 6 ～ 8 个回合的问答；能用接近正常的语速对话题做简短的说明，表达基本准确。

读的一级目标为：能正确认读假名及所学单词；能正确朗读课文；能根据图片认读、理解单词及短句的意思。二级目标为：能用接近正常的语速，有表情地朗读课文；能借助图片、注释和生词表等读懂浅显的语言材料，生词不超过1%。三级目标为：能用正常的语速，有表情地朗读课文；能借助工具书读懂简短的说明文、应用文和简单的信件，生词不超过2%；能从简单的文章中找出所需信息，理解大意。

写的一级目标为：能正确书写平假名和片假名及所学日语汉字；能模仿范例写出简短的句子；能正确写出最常用的寒暄语。二级目标为：能正确使用基本的标点符号；能在教师的指导下看图写出50～100字的短文；能参照范文写出简单的贺卡和留言。三级目标为：能根据提供的语言材料，写出100～150字的短文，语句基本通顺，格式正确；能写简短的信件和日记；能根据图片写出简短的叙述文。

3. 文化素养教学的内容目标

文化素养教学内容包括文化背景的教学、言语行为特征的教学、非言语行为特征的教学三个组成部分。关于文化素养的教学内容目标，在课程标准中只规定了第三级，即高级目标。

文化背景教学的内容目标为：初步了解日本的地理位置、国土、人口、首都、四季以及樱花、富士山在日本文化中的象征意义；初步了解日本学生的学习和生活、日本人的家居特点、饮食习惯；初步了解日本的大众体育活动、主要节假日及庆祝方式等；初步了解日本的一般交通状况。

言语行为特征教学的内容目标为：初步了解日本人的称呼习俗；初步了解日语交际中常用的委婉、含蓄的表达方式；初步了解表达问候、告别、请求、感谢、原因或理由时应该注意的问题。

非言语行为特征教学的内容目标为：初步了解日语交际中点头、微笑等的含义；初步了解日语交际中鞠躬、坐姿等一般礼仪；初步了解日语交际中遵守时间的重要性；初步了解日语交际中说话声音大小的适宜程度。

4. 情感态度教学的内容目标

情感态度教学的内容目标包括兴趣动机、自信意志、合作精神、祖国意识、国际意识五个组成部分。情感态度的学习在课程标准中也只规定了第三级目标。

兴趣动机的内容目标为：有学习日语、了解日本和其他国家的兴趣和愿望，并将这种兴趣和愿望迁移到主动学习日语上来；有明确的学习动机，保持积极的学习情绪，乐于参加各项日语实践活动。

自信意志的内容目标为：能在日语学习活动中克服害怕心理，能大胆模仿，敢于用日语表达；能体会日语学习过程中的乐趣，体验获得成功的喜悦，树立学好日语的信心；能努力克服学习日语中遇到的困难，磨炼意志。

合作精神的内容目标为：能在日语学习的各种活动中积极与他人合作，相互帮助，共同完成交际性学习任务。

祖国意识的内容目标为：能通过日语学习，进一步理解祖国的语言文化，增强民族自豪感。

国际意识的内容目标为：能通过学习日语，开阔视野，关注并理解他人的情感，具有初步的跨文化理解意识和国际意识。

5. 学习策略教学的内容目标

学习策略教学的内容目标包括认知策略、调控策略、资源策略、交际策略四个组成部分。课程标准对学习策略也只规定了第三级目标。

认知策略的内容目标为：利用图像、声音、动作和联想等方法记忆所学知识；大胆模仿，大声重复所学语言材料；根据自己的学习特点课前预习，课后复习；通过问答和自我表述等形式加深理解；根据语境推测没有听清、没有看懂的部分；学会记笔记，用提纲、图表等方式归纳整理所学知识；适当比较中日语言的异同点，帮助理解和掌握所学知识。

调控策略的内容目标为：通过努力学习，体验成就感，树立信心；遇到挫折时，客观分析失败的原因，克服消极情绪；在日语学习活动中体验合作的乐趣，保持良好的合作态度；多从正面评价自己，合理地开展自我奖励和惩罚，用以激发学习兴趣，开发学习潜能；通过各种学习活动及时自我反馈，了解自己的学习状况，监督学习过程，摸索适合自己的学习方法，维持或修正学习行为。

资源策略的内容目标为：合理地管理自己的学习时间，制订可行的学习计划；努力创造一个光线强度适中、整洁安静的良好学习环境；通过合作学习等形式，努力建立良好的同学关系，营造融洽的学习氛围；充分利用他人、集体对自己的督促作用，促进自己的学习；充分利用各种信息来源，扩大日语及相关信息的摄取量，增强语感，扩充背景知识。

交际策略的内容目标为：在课内外学习活动和日常生活中，积极寻找机会用日语与他人交流；在交际中，把注意力集中在意思的表达上，不过多地顾虑词语表达得准确与否；必要时借助手势、表情等进行交流；交际中遇到困难时，不轻易放弃，能有效地寻求多方帮助，设法将交际继续下去；在交际中意识到中外交际习俗的差异，能设法选择得体的、对方容易接受的表达方法。

关于全日制普通高级中学的日语学习，国家颁布的教学大纲中对学习内容和目标也做了明确的规定。按照一级目标和二级目标的方式，为这一阶段的日语学习提出了明确的要求，简单介绍如下：

一级目标是全日制普通高级中学毕业的较低水平；二级目标是较高水平，一级目标和二级目标的教学内容相同，而对语言运用能力的要求不同。例如，对听力教学的要求，一级目标要听懂语速为每分钟 100 个词的谈话，二级目标要求听懂语速为每分钟 120 个词的谈话；对阅读速度的要求，一级目标为每分钟 50 ～ 70 个词，二级目标是每分钟 70 ～ 80 个词。这种划分方式，是基础教育贯彻“教育人性化”理念的反映。

目前我国的日语教育是以社会力量办学和大中专院校的日语教育为中心开展的，基础教育中的日语教学不占据日语教育的主导地位。而在大中专院校的日语教育（包括日语专业）中，由于“零起点”学习者较多，因此专业的日语教育也是以基础阶段教学和高级阶段教学两个层次开展的。

（二）日语教学的能力培养目标

1. 语言知识能力培养目标

语言作为系统是一个整体，作为语言结构的三要素，语音、词汇、语法是日语知识教学的核心部分。语言理论知识的教学就是对语义的辨析、语义概念的解读、语言规则的介绍和使用方法的训练。

（1）语音能力培养目标

日语语音能力培养主要指培养学生有助于顺利掌握日语语音的所有能力。这个能力要素包括遗传生理的和后天培养的几个方面。只针对一般正常学习者而言，它主要包括：能够区分日语语音（音位）的辨音能力；能够准确再现日语语音的发音能力；听觉和动觉的控音能力；发音动作的协调能力；具备自动化言语动作熟练的能力；感知和再现日语语调的能力等。

（2）词汇能力培养目标

日语词汇能力培养目标主要包括：有助于学生生成对词汇感性认识的形象记忆力（听觉、视觉和动觉的）；迅速而准确地区分近似词的能力；迅速形成新的概念的能力；区别词义的能力；迅速理解词的具体（上下文的）意义的能力；识记各种日语词组、短语、成语的能力；在感知日语时迅速认知和理解词的能力；迅速找出必要的日语词来表达自己思想的能力等。

（3）语法规则能力培养目标

日语语法规则教学的能力培养目标主要包括：分辨各种词类和句子成分的能力；察觉日语词汇结构及语法特点的能力；根据语法规则变化将词汇连成句子的能力；迅速而准确地辨认和再现各种句法结构的能力；正确掌握词的一致性关系的能力；在修辞方面，要具备概括语体词汇和语法特点的能力；具备辨认和再现各种语体的能力。

2. 日语技能培养目标

语言是用于交际的工具，人们通常采用听解、会话、阅读、写作的方式进行交际，因此，外语教学论将“听、说、读、写”称为外语学习的四项基本技能，简称“四技”。技能是指身体各部分的灵巧动作或感官的敏锐程度。外语的“四技”训练，实际就是对我们应用外语时的口、眼、耳、手等感觉、听觉、视觉、触觉器官进行的外语适应或外语熟练的训练。在训练这些语言技能的同时，也会逐步提高各种言语能力。

（1）听解能力培养目标

听是获得日语知识和技能的源泉和手段之一。听解是听觉器官的运动过程，也是一种复杂、紧张、富有创造性的智力活动，它要求听者在这种活动的过程中积极地进行感知、记忆、分析、归纳、综合等思维活动。因此，听力训练又是一种重要的智力训练。

根据听的心理特点，我们把听的能力概括为：快速、迅速捕捉和存储信息的能力；辨别各种语音的能力；适应日语语速的能力；长时间的听解能力；综合和概括的能力；判断力等。帮助学生了解听的心理特点，掌握听解能力提高的方法，是听力教学关于听解能力培养的目标。

（2）会话能力培养目标

会话又被称为“说”。会话是一种积极的言语活动，是不经分析和翻译，迅速用外语表达思想的一种技能。它不是简单地重复已经学习过的语言材料，而是创造性地组织已经学过的语言材料表达自己思想的一种行为方式。

会话能力是一种复用式言语能力，根据会话的心理特点，我们把会话能力概括为：自如地、创造性地运用已经学习过的语言材料表达思想的能力；注意力集中在会话的内容上而不是语言表达形式的能力上；敏捷思考和快速运用语言的能力；会话过程中的日语思维能力（或排除翻译的能力）；应对无主题对白的语言交际能力等。帮助学生了解说的心理特点，掌握会话能力提高的方法，是会话教学关于会话能力培养的目标。

（3）阅读能力培养目标

阅读是重要的获得语言知识的手段，人们通过阅读实现间接言语交际。特别是当今信息技术和现代化网络架起了通信桥梁，网络在线阅读已经普及，获取日语阅读材料的条件比过去成熟许多，通过阅读获取日语知识已经成为一种重要的学习形式。阅读能力是培养其他言语能力的杠杆，所以，阅读能力的培养也是外语学习的一项重要任务。

阅读能力是指感知、识别和理解语言材料的能力。其具体包括：辨认词、词组、句子结构的能力；把握段落中心思想和作者思想发展趋势的能力；弄清句、段之间的关系和诸如指示代词的实际内容等方面的能力；对文章整体的综合理解的能力等。帮助学生了解读的心理特点，掌握阅读能力提高的方法，是阅读教学关于阅读能力培养的目标。

（4）写作能力培养目标

写作是借助文字符号传递信息的语言活动或语言交际形式，是一种语言输出过程，也是重要的语言交际活动。随着网络的普及，网上交流的频繁，日语应用写作从书信、公文、科学论文、文艺作品等领域扩展到网络信息交际等领域，增强了写作的应用性，对写作能力的要求也逐步提高。因此写作能力的培养也是日语学习的一项重要任务。

写作能力包括：书面造句能力；搜集素材能力；书面语言的运用能力；捕捉灵感能力；构思能力；组织和形成思想的能力等。帮助学生了解写的心理特点，掌握写作能力提高的方法，是写作教学关于写作能力的培养目标。

（5）翻译能力培养目标

翻译是在准确、通顺的基础上，把一种语言信息转变成另一种语言信息的行为。其分类有许多种，如根据翻译者翻译时所采取的文化姿态，分为归化翻译（意译）和异化翻译（直译）；根据翻译作品在译入语言文化中所预期的作用，分为工具性翻译和文献性翻译；根据翻译所涉及的语言的形式与意义，分为语义翻译和交际翻译；根据译者对原文和译文进行比较与观察，分为文学翻译和语言学翻译；根据翻译媒介分为口译、笔译、视译、同声传译、机器翻译和人机协作翻译、电话翻译等。由于上述分类在语言表达形式上只包括有声语言和符号语言，因此，我们在讨论翻译能力时，只在口译、笔译两个大的概念下展开。

口译和笔译在语言表达的即时性、文学艺术性等方面对译者的要求有所不同。但是，从翻译的心理过程和能力要求上来看，两者是一致的，仅在各要素内部有所差异，如对译者心理口译的要求是“稳定、快速反应、一次性”等，笔译则强调“精确、仔细推敲、反复”。鉴于此，我们将翻译的能力概括为：

双语交际能力、转换能力、职业能力、心理和生理能力以及决策能力等。

3. 跨文化能力培养目标

跨文化学习主要包括跨文化接触、跨文化理解和跨文化交际三个过程。跨文化接触，就是个体通过有选择地借用母国文化来接触跨文化，对跨文化所做的赋有个性特征的统合和再现。跨文化理解就是辩证地认识日本文化的内涵、思想观点。学习者固有的价值观、思维方式会直接影响到对跨文化的理解和认识。跨文化交际又被称为跨文化知识应用，主要是指与日本人进行交际时如何避免发生文化冲突，使交际朝向我们期待的目标发展，让交际顺利进行。

为达成跨文化理解与交际，需要具备各种能力。斯皮茨巴克关于跨文化交际模型的实验研究表明，跨文化交际能力可以列举为：跨文化适应力、异社会体系对应能力、对焦虑的心理调节能力、建立新的人际关系能力、促进交际的能力、对相互关系的干预或参与、理解他人的能力、文化差异的认知能力、对自我与文化关系的认知能力、交际能力、责任管理力、自我同一性探求、会话管理力、坦率程度、灵活处理人际关系的能力、区别力、社会适应力、主张自我意见的统帅力、管理能力等。此外，他还列举出影响跨文化理解与跨文化交际的诸多要素，如交际的有效性、达成课题目标、交际机能、“软件”移动、注意的深度、非本民族中心主义、领袖风范、非言语行为、对交际的牵挂、文化间的共鸣、文化的相互作用、理想与愿望、从属性不安、协调性、自我意识、顺应性、对人际关系的精通程度、言语交际时的共鸣或有效性、自主行为习惯、性格特征的优点、言语活动的敏感性或成熟度、对个人或家族的适应性、主导权等。

日语教学关于跨文化的能力培养不在于跨文化接触，重在对跨文化的理解和跨文化交际能力的培养。结合日语学习的特点，我们将跨文化能力概括为：意志决断能力；问题解决能力；创造性思考能力；批判性思考能力；有效的交际能力；对人关系能力；自我认识能力；共鸣能力；情感控制能力；对焦虑的处理能力（心理调节能力）。意志决断能力，即明确自我究竟要做什么、想做什么这一目标意识，从而决定自我行为目标和方向。问题解决能力，包括目标设定，其中最重要的是发现问题和选择最恰当的解决问题的方法以及如何达到目标的企划能力。创造性思考能力，即把获得的信息创造性地组合，创造出独特的计划的能力。批判性思考能力，即对获得的信息、经验以客观的方法进行分析的能力。有效的交际能力，即采用言语与非言语形式自我表达的能力。对人关系能力，即与他人保持良好人际关系的能力。自我认识能力，即对自我的性格、优缺点、愿望、好恶等的认识能力。共鸣能力，即对他人的意见、情感、立场、心情能够产生共鸣又不为其所左右的能力。情感控制能力，即对喜怒哀乐等情感的自我控制力。对焦虑的处理能力，即了解跨文化学习过程中的焦虑源，为消解焦虑而采取适当措施的能力，也称作心理调节能力。帮助学生了解跨文化理解和交际的心理特点，掌握跨文化学习的方法，是跨文化教学关于跨文化交际能力的培养目标。

三、日语课堂教学

此部分主要讨论的内容包括：什么是课堂教学、课堂教学原则、课堂教学过程、日语课堂教学过程。

（一）什么是课堂教学

课堂教学，是教育教学中普遍使用的一种手段，它是教师给学生传授知识和技能的全过程。它主要包括教师讲解、学生问答、教学活动以及教学过程中使用的所有教具，与“个别教学”相对，也称“班级上课制”，即把年龄和知识程度相同或相近的学生，编成固定人数的班级集体；按各门学科教学大纲规定的内容，组织教材和选择适当的教学方法；并根据固定的时间表，向全班学生进行授课的教学组织形式。

（二）课堂教学原则

新课程强调教育不只是让学生获得知识和技能，更应该使学生不断生成智慧，形成健康人格。而智慧和人格是在师生、生生的互动中生成的。有效教学理论认为：

教学的有效性＝教学内容总量 × 学生接受内容的百分数

由此可知，有效性教学取决于两个方面：一是教学内容，二是教学对象。然而，实践证明，有效性教学的决定因素，并非教学内容，而取决于教学对象——学生，即学生对课堂学习的积极性、主动性、专注性。因此，教师在教育教学中，应学会提高学生课堂学习的注意力，激发学生学习的积极性，使其认知智慧增值。要提高课堂教学的有效性，应该从以下几点做起：

1. 教师要有正确的教学理念

教师是课堂教学的组织者和引导者，在优化课堂教学中起主导作用。教师的教学观念和教学业务素质，对课堂教学最优化起着关键性的作用。因此，教师应积极参加各种教师业务、理论、实践培训活动，努力成为一个教学素质高、基本功扎实、教改意识强的研究者和实践者，不要用自己的任教经验、对原来教材的理解去教学，认为传授完知识就完成了任务。而应该通过课堂教学，认真关注学生“是否愿意学、主动学，会不会学”，用这样的理念去指导自己的教学。

2. 组织教学要有严谨性

所谓组织教学，就是要把学生的目光、注意力、情绪、思维集中到课堂上来。组织教学应贯穿教学的始终。其严谨性着重体现在三个方面。第一，教师对所授课程要有严谨的态度，即每次课前认真备课，保证授课内容的思想性、科学性、正确性。第二，对教学过程要严密组织，做到周密思考、张弛有度、紧凑有序。第三，教师对教育对象要严格管理。从上课起立的站姿到课堂上的坐姿和眼神、回答问题、操作练习等，都要严格要求，发现问题及时纠正，不把问题推给班主任，将问题消灭在萌芽状态，从而维持良好的课堂秩序。

3. 提倡新的学习方式

我国基础教育过于强调接受学习、死记硬背、机械训练。因此，新课程强调改变学生的学习方式，倡导建立新的学习方式（包括自主学习、合作学习、探究学习）。学生是学习的主体，提倡学生参与到确定学习目标、学习进度和评价目标的过程中来，在学习中积极思考，在解决问题中学习。要实现互动式、交流式的合作学习，为不同层次的学生提供参与学习、体验成功的机会，在合作学习中要有明确的责任分工，使学生之间能有效地沟通。在探究性学习中，通过设置问题情境，让学生独立、自主地发现问题；通过调查、信息搜集及处理、表达与交流等活动，让学生经历探究过程，获得知识与能力，掌握解决问题的方法，获得情感体验。

4. 创设民主和谐的课堂氛围

心理学家罗杰斯曾指出，一个人的创造力只有在其感觉到“心理安全”和“心理自由”的条件下才能获得最大限度的表现和发展。教育学研究也表明，人在轻松、自由的心理状态下才可能有丰富的想象，才会迸发出创造性思维的火花。课堂教学要实现有效教学，营造一个民主、宽松的教学环境必不可少。首先，要建立充分体现尊重、民主和发展的新型伦理关系。其次，必须尊重每一位学生做人的尊严和价值，不伤害学生的自尊心，还要学会赞赏他们付出后所表现出来的微小的变化及对教科书的大胆质疑和对自己的超越。

此外，要真正提高课堂教学的有效性，还应该做到教学语言要有艺术性、教学方法要有灵活性、教学过程要有情感性、教育手段要有策略性。这既是“传道、授业、解惑”有效性教学必不可少的内涵，又是一名教师综合实力的反映。

具备这样几点，非一日之功，需要千锤百炼。

（三）课堂教学过程

教学过程即指教学活动的展开过程，是教师根据一定的社会要求和学生身心发展的特点，借助一定的教学条件，指导学生主要通过认识教学内容从而认识客观世界，并在此基础之上发展自身的过程。教学过程是教学活动的启动、发展、变化和结束在时间上连续展开的程序结构。人们对教学过程的认识，经历了漫长的历史发展过程。随着时间的推移和研究的深入，人们逐渐认识到教学过程的复杂性和多元性，教学过程不仅是认识过程，也是心理活动过程、社会化过程。因此，教学过程是认识过程、心理过程、社会化过程的复合整体。

1. 中外关于教学过程基本阶段的认识

古今中外对教学过程基本阶段的认识有以下几种，苏联教育家凯洛夫认为系统地传授和学习知识的程序是：诱导学习动机、感知和理解新教材、巩固知识、运用知识、检查。美国教育学家和心理学家布卢姆认为教学过程主要有三个阶段：准备阶段、实施阶段、小结阶段。马云鹏教授等学者认为教学过程的基本阶段为心理准备阶段、感知知识阶段、理解知识阶段、巩固知识阶段、运用知识阶段、检查和评价学习效果这六个阶段。

教学是按照一定的阶段进行的，纵观教学论的发展脉络，我们认为，代表性的观点主要有三种：

第一是以赫尔巴特为代表的传统教学阶段论，他通过对心理学的研究，将教学过程划分为明了、联合、系统、方法四个阶段。

第二是以美国教育家杜威为代表的现代教学阶段论。杜威反对赫尔巴特对现成知识的灌输，认为教学必须依据以下阶段展开：①从实际生活经验的情境中形成问题；②观察、调查问题，认清问题症结所在；③收集解决问题所需的资料；④考虑各种解决方案，加以研究，并做出假设；⑤实际应用并验证假设。

第三是德国学者于20世纪60年代提出的融以上二者之长的教学阶段理论。教学过程大体如下：①提出问题与课题，使学生直面矛盾与障碍，引起学习动机；②使之分析问题与课题的目标与条件，认清矛盾与难题所在，把握其真正意义上的问题，理解课题；③使之探讨适当的解决原理、可能的解决方法及手段，计划解决的行动；④实施解决行动的计划，实现问题与课题的目标；⑤检验、评价、总结学习的结果，使之进一步进行反复练习与应用练习。

中外学者关于教学过程基本阶段的论述，在一定程度上反映了教学规律对教师组织教学过程具有一定的参考价值。但我们不宜把这些阶段的划分看作是绝对的，正如苏联教学论专家斯卡特金所指出的："各阶段都有自己特殊的目的，所以应当分清，而且在实际过程中，不同环节可以交叉、省略、前后调换。"上述有关教学过程阶段的论述大多数仅仅是从知识、技能教学这一个侧面说的，很不全面。教学过程不仅包括知识技能的传授与学习这一个基本层面，还包括结合知识技能的教学、发展学生智力与能力、形成学生思想品德等这样一些重要层面。教学过程是由这些不同层面组成的有机整体，不宜将其机械地割裂开。

2. 外语课堂教学中常用的两种教学类型及其基本教学阶段

在外语课堂教学中使用最多的教学类型主要有接受式和发现探究式两种，因而，相应的教学过程的基本阶段也就有两种基本类型。

（1）接受式教学的基本阶段

接受式教学属于传统讲授式外语教学模式，指学生通过教师呈现的教学内容来掌握现成知识、形成技能的一种教学形式。在接受式教学中，学生不需要进行独立发现，他们的任务是把教师呈现出的材料，如一个语音、一个词语、一种语法现象全部接受并内化到自己已有的认知结构之中，在需要的时候把它再现出来。学习内容是以定论的形式直接呈现出来的，接受式教学无论是历史上还是现在都是使用最为广泛的一种教学方式。从教学过程展开的程式上来看，一般认为接受式教学过程要经过五个阶段，即准备、感知、理解、巩固及运用。

准备阶段。教学过程的准备阶段主要是创设一种有利于调动学生学习兴趣的教学环境，激发学生学习的兴趣和内在动机，为教学活动的顺利开展打下良好的基础。在这个阶段，教师要收集相关的教学材料，确立明确的教学目的，选择恰当的教学方法和组织形式，考虑一定的教学手段，了解学生已有的知识和心理状况，摸清学生的个别差异，调整好自己的心绪状态，以便能以最佳的精神面貌出现在学生面前。

感知阶段。感知是理解的起点，感知即通过感官接触教学内容，形成表象，获得初步的情感体验和理性认识。感知的对象一般是动作、图像和符号。在这个阶段，教师选择感知对象，把物体的直观与符号的直观结合起来，并且引导学生感知这些对象，学生则重在观察并形成相应的表象。为了使学生获得事物的清晰表象，教师要注意指导学生周密地观察，区分事物和现象的特征，教会他们在感知过程中发现主要的、本质的东西。

理解阶段。理解就是要初步地、较为概括地了解现象与过程之间的联系，了解它们的结构、成分和意义等。通过形象思维和抽象思维相结合形成完整的、科学的理性认识。理解既可以建立在原有感知内容上，又可脱离感知建立在已有认识之上。在理解教学内容的过程中，教师要根据教学内容的性质选择合适的思维形式，引导学生开展分析、比较、综合和概括等思维活动。学生则必须同步参与教学活动，积极主动地思考，才可能真正形成对概念、原理、本质的规律性认识，同时培养态度、情感、价值观体系，促进个性品质的发展，并形成一定的技能技巧。

巩固阶段。巩固阶段即通过练习把所学知识牢牢保持在记忆里，形成比较稳定的情感和认知状态。巩固的效果一方面取决于前一阶段学生的理解水平，另一方面会影响到后面的教学活动。在教学过程中，教师主要通过布置作业的形式巩固学生对所学知识的理解，同时也可以发现学生对知识感知和理解的不足并采取办法加以改进，学生则通过作业等练习，形成稳定的认知状态。

运用阶段。运用即“学以致用”，这是教学过程的最高阶段。在这一阶段，教师指导学生在巩固的基础上，通过实践拓展、延伸已巩固的教学内容。通过“学以致用”，不仅可以检验学生巩固的效果，而且可以把知识运用于学习和生活的实践，最终掌握所学知识。在这一阶段，教师应提供一定的机会，组织学生进行社会实践。学生应知道这是锻炼实际动手和运用能力，进一步提高自身的情感和认知水平的良机，要积极主动地配合教师的教学安排。

以上教学过程的基本阶段既有序渐进，又互相交叉、渗透。不同外语课程、不同目标的教学过程会存在差异，可以根据不同的情况加以调整。在教学过程中，教师与学生双方是紧密联系、相互作用的，他们共同的活动构成了教学过程的动态运动。教师应随时分析学生在掌握知识、形成技能和技巧等各方面的情况，并根据实际情况的变化采取相应的教学策略，主动地调节教学过程的进程。

（2）发现探究式教学的基本阶段

发现探究式教学是学生通过自己再发现知识形成的步骤，以获取知识并发展探究性思维的一种教学方式。发现探究式教学强调探究过程而不是接受和记住现成的知识，要求学生从各种特殊事例中归纳出结论，并用之解决新问题。教师的职责在于为学生的探究过程提供条件和帮助，充当学生学习的组织者和指导者，使学习过程更多地成为学生发现问题、提出问题、分析问题、解决问题的过程。对于教学过程而言，作为结果的知识固然重要，但更重要的是获得知识的过程。

在发现探究式教学中，学习内容是以问题形式间接呈现出来的，在教师指导下，学生从各种特殊事例中归纳出一般法则，并用之解决新问题。这一过程通常要经过以下几个阶段：设置问题情境、发现问题、建立模型、验证假说、运用结论解决新问题。

设置问题情境。也就是在教学开始的时候，创设一种与学生现实生活经验相联系的教学环境，唤起学生学习的兴趣和积极性。

发现问题。确定问题情境所引发思考的主题后，教师应提供有助于形成概括性结论的实例，引导学生观察各种现象的显著特点并逐步缩小观察范围，把注意力集中于某个中心点。同时，收集足够的实际资料，应对由问题引发的各种思考。

建立模型。通过观察、思考，运用必要的资料提出解决问题的各种可行的条件，引导学生通过比较、分析，对各种信息进行转换和组合，以提出模型（即形成概念、获得结论等），然后推断整理和排列这些模型，推断可能解决问题的模型。在这个阶段，可以采用独立思考、小组合作等多种方式，但都要求学会交流沟通，学会尊重他人的看法，正确地认识自我。

验证假说。亦即通过运用来检验假说的正确与否，或者进行必要的修正；将取得的进展进行归纳整理、总结提炼，形成简单的书面材料或口头报告材料；进行交流和研讨；将最终成果通过同化或顺应，使其成为自己认知结构的有机构成部分。在这个过程中，要引导学生思考、讨论，关注自己在这一过程中是怎样思考、怎样得出结论的，学会思考的方法。

运用结论解决新问题。引导学生将获取的新知识，即通过自己的发现得出的结论纳入自己的认知结构中，并运用于新的问题情境中，使其得以巩固和深化，形成迁移能力。

当前，接受式和发现探究式都是外语课堂教学中的重要类型，必须恰当地选择使用。为此，必须清楚两种教学类型的各自特点。

接受式教学可以使学生在较短的时间内掌握大量的系统的语言文化知识，有助于培养学生从书本中获取知识的能力，同时，接受式教学要求的教育设施水平较低，因而经济易行。但它的缺点是，学生的学习成了纯粹被动地接受、记忆的过程，不利于培养学生的探究精神和创造精神，不利于学生学会科学的探究方法。

发现探究式教学有利于保证教学中学生的主体作用得到充分发挥，在主动解决问题的过程中，最大限度地促进学生智力的发展；学生掌握了发现的方法和探究的方式后，有助于保持记忆并形成迁移能力。一旦学生体验到发现的乐趣，就会大大增强他们对学习的兴趣。但是，这种教学方式的缺点是教学过程费时较多，效率不高，因而适用范围有限。

当前，在外语课堂教学中，只有将接受式教学和发现探究式教学结合起来，才能做到优势互补，不仅能够向学生传授学科结构的知识，而且能够培养他们探究问题的精神、独立解决问题和预见未知的能力。只有这样，才能使教学发挥出最大的效能。

（四）日语课堂教学过程

1. 接受式课堂教学过程结构

在我国日语教学实践中，接受式教学模式被广泛应用，通常以六环节教学过程为模型。

第一环节：组织教学。

组织教学的目的：一是做好上课的准备工作；二是集中学生的注意力，稳定学习情绪，使全班学生投入积极的学习中去。

组织教学是课堂教学的重要组成部分，教师必须善于组织学生听课，否则就不能顺利地进行课堂教学工作。组织教学对好动、注意力分散的学生尤为重要。课堂一开始就要把学生的注意力引到学习上来。组织课堂教学经常采用的方法有：

学生起立后齐声向教师问好；

教师确认学生出勤情况；

教师宣布正式上课。

组织教学通常用时很少，当学生注意力集中后马上转入教学，不可拖延时间。

第二环节：复习、检查。

复习、检查的目的是：检查学生是否按教师的要求完成了家庭作业；通过复习旧课，进一步提高运用日语的熟练度；通过检查发现学习漏洞，及时弥补；建立新旧教材之间的联系并为学习新课打下基础。这一环节虽然有四项任务，但并非每一堂课都要完成四项，可根据具体情况确定其中一两项或对某项有所侧重。

由此不难看出，这一环节有承上启下的作用，一方面通过复习巩固上节课讲授的新知识，进一步完善学生已经获得的技能，另一方面通过复习旧知识引出新内容。这个阶段常用的练习形式在词汇、句型方面多半是变换性的，如替换、换说、扩展、听写等；在课文方面多半是背诵、对话、问答、叙述课文大意等。

课堂上检查家庭作业的主要方式是提问。常用的提问方式有全班提问、个别提问、综合提问、并行提问。

全班提问是教师口头向全班学生的提问。其具体的做法是：教师面向全班学生提出问题，让全体学生思考后，指名叫某一学生回答。它的优点是能使全班学生积极思考，时刻准备着回答教师的问题。从形式上看教师只提问一个学生，实质是全班学生都在思考教师提出的问题。此外，可在短时间内提问多人，能增加练习的人次和数量。全班提问的缺点是只能粗略地检查学生掌握日语技能的情况。

个别提问就是叫出一名学生，然后向他提出一系列的问题让他回答。个别提问的优点是能深入地检查学生掌握日语技能的情况。由于这种提问方法只提问被叫出来的学生，其他大部分学生消极地听着，如果组织不好，会影响课堂教学效果。

综合提问是把全班提问和个别提问结合起来的一种提问方式。在按这种方法提问时，被叫出来的学生不是回答教师所提问的全部问题，而是回答一部分，余下的问题由别的学生在原位上回答。这种提问的好处是由于每个学生随时都有被提问的可能，因此迫使学生集中注意力准备回答教师的问题。此外，综合提问能使教师深刻地了解被提问学生掌握日语的情况。由此可知，综合提问在提问的内容方面具有个别提问的优点，在提问的形式方面具有全班提问的优点。它比较适合班级人数较多的日语课堂教学。

并行提问是在同一时间以不同方式提问两名以上学生的方法。比如同时叫三个学生，其中两个到黑板上解答习题，另一名学生站着口头回答问题。这种提问方式实质是综合提问，因而它具有综合提问的优点.

第三个环节——宣布讲授新课的课题和教学目的。

宣布新课的任务，是为了使学生明确本节课在课堂上该做些什么，并在教师指导下尽量完成教师提出的任务。

教师的具体做法是：教师要用肯定的语气向学生宣布教学目的："今天我们学习第……页第……课、从……到……的内容。同学们要掌握……，学会……"这样表述授课目的，可以使师生在下课之前回顾和检查是否达到了既定的目的。但是，在教学实践中往往忽视这一环节。现代心理学证明，目的是激发学生学习动机的诱因。高效率的学习是学生积极主动学习的结果。只有学生知道了一堂课的目的，才能调动积极性，为达到目的而努力学习。

第四个环节——讲练新材料。

这个环节是日语课的主要部分。教师在讲授新语言材料的时候，应当很好地考虑如何根据教材内容、教学目的及学生水平运用教学原则和教学方法，并选择相应的练习形式。新材料的讲解应该遵循由易到难、由简到繁、由具体到抽象、由已知到未知的原则。

新材料的讲解应该包括初步巩固的因素，为此在讲解的过程中要让学生做各种练习，使学生不仅理解所讲的新材料，还能获得在实践中运用学过材料的初步技能。

第五个环节——巩固新材料。

巩固新材料有两个任务：通过做各种练习初步巩固刚刚学过的新材料；检查学生理解和掌握新材料的程度。

巩固的方式是练习。这个阶段所做的练习与讲练阶段的练习既有联系又有区别。首先在熟练程度上要求要高些。比如尽管都是机械记忆性的，但要求速度要快，套用能力要强。在课堂上尽可能多给学生练习的时间，这对提高课堂教学质量和减轻家庭作业的负担都是有好处的。

通过做练习，教师对学生当堂理解和掌握新材料的情况有所了解。但为了更深入地了解学生掌握新材料的情况，教师还应进行检查。如果中等程度的学生都能回答检查性的问题或做了检查性的习题，那么就可以判断这堂课讲的新材料已为大部分学生所掌握，这堂课的教学目的基本上达到了。

第六个环节——布置家庭作业。

家庭作业是课堂教学的自然继续和补充。家庭作业是课堂练习的深化，课堂练习多为口头，家庭作业以笔头为主。因此教师在备课时就要选择好课外练习的材料，估计好完成练习所需的时间。课外作业要少而精，过量的练习往往会使学生因为负担过重而马虎进行，这样就失去了家庭作业复习巩固的意义。

只有教师重视家庭作业，学生才能认真完成作业，绝不可在打下课铃时或打铃之后草草布置家庭作业。因铃声已响，学生注意力已不集中，这样学生往往不能正确地理解教师对家庭作业的要求。

上述六个环节是相对的，不是绝对的。既然课堂结构决定于课型、教学目的、教学内容，那就谈不上有统一的课堂结构。教学是千变万化、复杂的，不能用上述结构作为统一的公式来组织课堂教学。教师要善于根据教材、学生、课堂教学等具体情况灵活运用，不要不问具体情况，形式主义地走过场，死扣环节。

2. 探究式课堂教学过程结构

探究式教学，又被称为发现法、研究法，是指学生在学习概念和原理时，教师只是给他们一些事例和问题，让学生自己通过阅读、观察、实验、思考、讨论、听讲等途径去独立探究，自行发现并掌握相应的原理和结论的一种方法。它的指导思想是在教师的指导下，以学生为主体，让学生自觉地、主动地探索，掌握认识和解决问题的方法和步骤，研究客观事物的属性，发现事物发展的起因和事物内部的联系，从中找出规律，形成自己的概念。可见，在探究式教学的过程中，学生的主体地位、自主能力都得到了加强。随着我国新的课程标准的公布，探究式课堂教学模式研究得到空前重视。如果不受课堂教学内容、课堂教学时间的限制，任何类型的日语课，如综合日语、视听、会话、日本文化、日本地理、日本历史、日本文学史、日语语言学概论等课程都可以采用探究式教学模型进行授课。但是，探究式教学模式不适合大班授课，只适合30人以内的小班教学，具体教学环节模型如下：

第一环节：组织教学。

具体方法同接受式课堂教学过程结构。

第二环节：创设情境，激发自主探究欲望。

探究式教学的载体与核心是问题，学习活动是围绕问题展开的。探究式教学的出发点是设定需要解答的问题，这是进一步探究的起点。从教学的角度讲，教师需要根据教学目的和内容精心考量，提出难度适度、逻辑合理的问题。

创设教学情境的目的是模拟生活，使课堂教学更接近现实生活，使学生如临其境，如见其人，如闻其声，加强感知，突出体验。可以采取如下方式：

创设悬念情境：针对学生的年龄特征与心理特点等，在引入新课时，依据教学内容制造悬念来诱发学生的学习兴趣。

创设信息情境，在课堂教学活动中，教师要提供一些开放性、生活性、现实性的信息，让学生根据教师所创设、提供的信息，提出、解决教学问题。学生可以进行创新意识和实践能力的训练，从而使每个学生真正感受到学习的乐趣。

创设生活情境：把语言教学从抽象、枯燥的概念讲解，句型背诵等形式中解放出来，使得教学从内容到形式更接近现实中的语言交际。

创设求异情境：求异思维是不依常规，寻求变异，对给出的材料、信息从不同角度、不同方向，用不同方式去分析和解决问题的思维方式，是创造性思维的一种主要形式。教师要善于选择具体例题，创设问题情境，引导学生的求异意识。对于学生在思维过程中不时出现的求异因素及时给予肯定和热情表扬，当学生欲寻异解而不能时，则要细心点拨，耐心引导，帮助学生获得成功，让他们在对于问题的多解的艰苦追求并且获得成功的过程中，享受创造性思维活动的乐趣。

第三环节：开放课堂，发掘自主探究潜能。

这一环节是教学的关键步骤。教师首先要帮助学生拟定合理的研究计划，选择恰当的方法。同时，要求教师提供一定的实验条件或必要的资料，由学生自己动手去实验或者查阅，来寻求问题的答案，提出某些假设。这时，教师扮演一个组织者的角色，指导、规范学生的探索过程。这个过程可以由单个学生自己完成，也可以由教师将学生分组来完成。要注意培养学生寻求合作的团队精神。经过探究过程，学生要把自己的实验过程或者查阅的资料进行总结梳理，得出自己的结论和解释。不同的学生或者团队可以就同一问题提出不同的解释或看法。他们要能够将自己的结论清楚地表达出来，大家共同探讨。

第四环节：适时点拨，诱导探究的方向。

为了达到让学生自主学习的目的，引导学生自己去发现问题，教师在学生不明白时可适当点拨，诱导探究的方向。

第五环节：课堂上合作探究，训练自主学习的能力。

在探究教学中，教师是引导者，其基本任务是启发诱导，学生是探究者，其主要任务是通过自己的探究发现新事物。因此，必须正确处理教师的“引”和学生的“探”的关系，做到既不放任自流，让学生漫无边际地去探究，也不能过多牵引。

在课堂上，让学生交流自学成果。在互相交流中，学生撞击出创造思维的火花。交流形式可以灵活多样，可以让学生自由发言，也可以让学生先在四人小组中交流，然后派代表在全班汇报。

让学生对“交流成果”环节中所提出的问题以及普遍存在的模糊认识进行讨论，在合作学习中大胆质疑、解疑。讨论的形式可以灵活多样，可以同桌互帮、四人小组研讨、全班辩论等。教师要为学生充分表现、合作、竞争搭建舞台，使教师指导和学生自主探究相结合，传授知识和解决问题相结合，单一性思考和求异性思维相结合。

在合作学习过程中，教师要善于诱导，如“你认为他说得对吗？为什么？”“对他的回答你满意吗？你有什么不同的见解？”等，把学生的思维推向高潮。讨论中，教师要做到：

一是要密切关注讨论的进程和存在的问题，及时进行调整和引导；要善于总结多种结论，特别是和自己备课时不一致的结论，变教案为学案。

二是要充分调动学生讨论的积极性，及时发现学生的优点，特别是要善于捕捉后进生的“闪光点”，及时给予鼓励。讨论要使学生思维碰撞，闪现思维火花，激发学生的表现欲，促进其创造性思维的发展。

第六环节：课后留创新作业，激励学生自主学习。

为了激发学生自主、合作、探究的学习兴趣，课后，教师布置的作业要改革，努力减轻学生的课业负担。

留作业应做到因材施教。教师要客观看待学生身上存在的学习能力方面的差异，采用按能力分组的形式布置作业。例如，学习了课文后可设计三个层次的作业：自由读喜欢的段落，抄写课后词语；摘抄并背诵课文中的优美词语或者（按人物、情节、时间关系）设计课文内容逻辑关系图；写读后感或写一段介绍文章的导读。

留课外阅读的作业。课外阅读不但能扩大学生的阅读面，使学生更好地学习，而且能使学生积累词语，积累写作素材，提高学生阅读和写作的能力，激发学生自主学习的兴趣。

留写日记的作业。日记是学生畅谈自己喜、怒、哀、乐的广阔天地，是学生诉说心里话、观察社会的阵地，学生在写日记时觉得有话可写、乐写、想写。留写日记的作业，激发了学生自主学习的兴趣，持之以恒，学生的写作水平就在不知不觉中提高了。

留想象的作业。捕捉课文中可延伸、可拓展，又能升华和突出主题的地方，鼓励学生发散、变通，培养学生的创新意识，激发学生自主、探究的学习兴趣。

3. 讲练课的课堂教学过程结构

日语是工具课，要想把日语作为交际工具来掌握，一方面要掌握日语基础知识，另一方面又要通过练习熟练掌握已获得的语言知识，进一步形成听说读写的言语实践技能。日语课要体现这一特点，不能把日语课设计成如政治、历史那样的讲授新知识的课，相反要以讲练为主要授课形式，课上有讲有练，以练为主。在讲练课上学生不仅理解新讲的语言知识，还要通过大量练习，记忆当堂讲解的语言材料。否则，只讲不练或少练，学生就会很快地遗忘所学的语言知识。

如果说基础日语课有近千个课时，那么讲练课则是最常用、最主要的课型。因此研究讲练课、上好讲练课是搞好课堂教学，提高教学质量至关重要的课题。

讲练课是由讲和练两个部分组成的。就讲来说，在日语语音阶段主要是讲语音知识，进入课文阶段后，主要是讲词汇、句型、语法、课文。就练来说，主要是在听、说、读、写过程中操练语言知识，形成初步的言语技能。根据以上论述，讲练课还可细分为语音讲练课、句型讲练课、词汇课文讲练课、语法课文讲练课。

4. 练习课的课堂教学过程结构

练习课也叫发展口笔语能力的课，是在讲练课的基础上培养学生应用和活用语言材料的能力。练习课多半安排在讲练课之后，没有讲授新课的环节，其任务是通过口笔语练习，复习巩固、整理学习过的新语言材料，并进一步提高学生的外语技能，培养语言习惯。练习课的效果，取决于练习是否得法，因此教师必须根据练习课的目的，按教学法的要求，组织好练习。

练习课上巩固的语言材料应当主要是在本课书中所学的。要按遗忘规律，有计划地巩固所学的语言材料。比如，根据单词遗忘先快后慢的规律，在练习课上也要通过各种练习反复巩固。为了防止遗忘，练习课上也要系统地加进一些以前学过的语言材料。教师在组织语言材料时要心中有数，要把时间和精力花在讲练课上还没有巩固好的语言材料上。

练习课的练习不同于讲练课中的练习。练习课是讲练课的继续和发展。尽管练习课上也可能采用讲练课上的一部分练习形式，但在数量上要求不同，达到的熟练程度也不一样。练习课的练习形式要多样化，要听、说、读、写兼顾，以口语为主，家庭作业则以笔头为主。练习课上的练习要有系统性：先做语言练习，后做言语练习；先巩固课文，再脱离课文。根据这个系统，练习课上除进一步围绕课文进行朗读、问答、复述练习外，还要进行一定的脱离课文的交际性练习。

虽然练习课上几乎全部时间用于练习，但如在练习过程中发现学生对所学语言材料缺乏正确的理解，也可补讲有关语言知识，此时仍然需要贯彻讲中有练、练中有讲、讲练结合的原则。

5. 复习课的课堂教学过程结构

讲过几篇课文后，或配合期中、期末考试，可安排一两次复习课。复习课的任务包括：第一，把以前学过的语言知识加以系统整理，帮助记忆；第二，巩固和提高口头、笔头能力。复习课的内容包括复习语法、词汇和课文。教学进行一个阶段后，学生学习了很多语法知识和大量词汇，难免产生遗忘和混淆。为了巩固记忆、区分易混淆的语言知识，语法、词汇复习课是必要的。教师在复习课上切忌重讲学过的语言知识，而是要引导学生通过做练习（包括分化性练习）复习和深化旧知识。比如讲过数课之后，为了复习学过的单词，可把单词按题材、品词、构词法进行归类。复习课文不是重读或背诵学过的课文，而是就过去所学课文进行综合性的言语练习。比如学习了有关日本礼仪的课文后，让学生用日语向其他同学介绍登门拜访时应该怎样做、初次见面如何递名片等。

复习课与练习课既有共性又有特性，二者共同之处是其主要形式都是练习，不同之处是复习课除练习外，还有使所学知识系统化的任务，如让学生学习教师编写的复习材料等。复习课绝不是单纯重复过去所学的语言知识，而是在复习中进一步提高运用日语的技能，因此在复习课上必须要做练习，如教师用学生已学过的语言材料改写文章，指导学生对此进行听力、回答、对话、叙述等练习。

第三节　日语教师

一、教师的基本能力

此部分主要讨论的内容包括：教师的智力、教师的审美能力、教师的表达能力、教师的教育能力、教师的班级管理能力。

日语教师也是教师，作为教师必须具备的能力日语教师也必须具备。教师能力是指从事教师职业的人所应具有的带有职业特点的能力，也是从事教书育人活动所需要的能动力量或实际本领。教师能力是由多种单项能力组成的和谐统一的整体，缺少任何一种有机组成部分，都直接影响教师教学的质量和效果。

教师的基础能力是指从事教师职业所必须具备的能力，是教师职业能力产生的前提和基础，主要包括智力范畴内的教师观察能力、思维能力、想象能力、记忆能力，审美能力，表达能力范畴内的口语表达能力、体语表现能力和书写能力。

（一）教师的智力

1. 教师的观察能力

教师观察学生的能力主要表现在三个方面：迅速而准确，细致而深入，全面而客观。

观察迅速是指教师能够迅速及时地捕捉学生瞬间的表情和行为，并采取适宜的对应措施，适当调节教学内容，或稍做教学停顿，以改变课堂教学气氛，吸引学生注意，完成教学任务。

观察准确是指教师要能透过现象看到事物的本质，了解学生的心理特点、思想状况、学习情况以及学生所处的学习环境等，在此基础上结合学生的细微表情、动作和语言的变化进行合理的分析并正确判断，从而做出恰当的处理。

观察细致就是能观察到学生语言、行为、服饰、态度的细微的变化，从而准确掌握学生的思想状况。不能以貌取人、以成绩论英雄，要善于发现每个学生身上的亮点，教师对学生的评价有时会影响学生一生的发展，所以教师的观察一定要细致入微。

观察深入是指教师要知道学生处于成长期，心理稳定性较差，情绪容易波动，不能以一时一事的观察下结论。对学生的观察可以在课堂上，也可以在课下，可以利用群体活动，也可以利用个体活动。教师还要承认学生正处于成长发展阶段，需要对学生进行长时间反复观察，才能做到观察深入。

观察全面客观是指教师对学生的观察可以从不同角度进行：或智力水平，或身体素质，或性格气质，或家庭教养，或环境影响等。教师对学生的观察还要包括校内和校外，要了解他的同学、家长、其他任课教师，只有这样才有可能全面客观地认识学生。

2. 教师的思维能力

思维能力是指大脑对客观事物进行分析、综合、判断、推理和反映的能力。教师是脑力劳动者，脑力劳动的核心是思维。教师思路开阔、机敏灵活，善于权变，这比单纯掌握某种教学方法和课堂管理原则往往更重要。

对教师思维能力的要求可概括为五性：思维的敏捷性、思维的广阔性、思维的深刻性、思维的条理性和思维的创造性。

思维的敏捷性主要指教师从事智力活动的灵敏程度，它表现为教师对课堂上或其他教育活动中突然出现的情况反应迅速，处理及时，能根据新情况迅速选择、确定自己的思维方向，从而使教育教学活动保持正常状态。

思维的广阔性是指教师遇事思路开阔，能从不同角度、不同方面、用不同方法及途径来思考和解决问题。

思维的深刻性是指教师遇事能一眼看出问题的本质，不被表象迷惑。这一能力可以帮助教师深度理解教材中抽象概括的规律性知识，以便深入浅出地传授给学生。同时，这一能力还能有助于教师在教学准备和教育科研中高效地筛选资料，辨别真理与谬误；还有助于教师在管理学生时能透过现象看本质，深刻认识学生的行为动机，有的放矢地指导学生。

思维的条理性是指教师讲述问题、处理事情时思路清晰，有条不紊，连贯严密。这有助于教师在课堂教学、班级管理、阅读提高等方面都能做到井然有序、事半功倍。

思维的创造性是指教师传授知识、开启智慧，必须根据学生的实际对知识创造性地加工，并加以提炼概括，使之成为学生容易接受的东西。教师授课能力的高低主要取决于教师创造性思维水平的高低，没有学生会喜欢或从

“照本宣科”“依葫芦画瓢”的课堂上取得最大的收获。

3. 教师的想象能力

教师在理解教材、进行教学设计和课堂教学，以及做学生思想工作时都离不开想象力。想象力是人脑在感性形象基础上创造出新的形象的能力。教师的想象力一要丰富，二要合理，三要新颖。

教师在解读日文诗歌、小说、散文时，利用想象和描绘，可以带领学生进入如诗如画的意境；在讲解日本历史、地理时可利用地图和形象化的暗示或描述，帮助学生在脑海中再现自然界的形象和历史上的生活情境。但是，教师需要注意想象要合情合理、有根有据，不能脱离学生的实际。

想象要新颖是指不仅仅依赖教科书、教学参考书中现成的资料，还可以利用多媒体、动漫、漫画书等学生喜闻乐见的素材，帮助学生理解枯燥抽象的知识，使其形成活跃的思维。

4. 教师的记忆能力

记忆力是人脑储存、反映已有经验和知识信息的能力。具备良好的记忆力是教师职业的固有要求。教师的记忆力可以概括为准确、迅速、持久、系统、广阔。

准确是记忆的前提。记忆一般有三个基本过程，即识记、保存、回忆或再现。后两个过程都以第一个过程为基础，识记准确才能做到保存和回忆准确。首次识记的准确性对准确记忆意义重大。

在信息化发展时代，新知识层出不穷，日语词汇、日本社会文化的发展，对教师的记忆量、记忆速度也提出了新要求。

生理心理学告诉我们，人对事物的识记和保持都不是永恒的和一成不变的，人在记忆过程中由于新旧知识的干扰以及自身记忆功能的变化，遗忘或暂时性遗忘是存在的。因此，教师要不断学习，温故知新，克服遗忘，对专业知识努力保持持久记忆。

关于记忆的“刺激—反映”理论强调人在记忆过程中首次接受的知识对人脑刺激越强烈，记忆的痕迹越深刻。但是，人脑对刺激的接受不全是被动消极的，能够长时记忆下来的东西许多还是经过人脑思维对信息编码后，有序地储存在记忆中的。了解人类的记忆特点，学习新知识时注意知识的系统性，做到系统记忆，对克服遗忘有重要作用。

日语教师的记忆面要广，不仅要词汇量大、语法规则记忆条理清晰，还要掌握日本社会、历史、文化、文学等自然的、社会的、从古至今的知识，这样在教学中才能做到信手拈来、融会贯通。博学多识的教师容易获得学生的敬仰、信赖，学生更愿意跟这样的教师学习。

（二）教师的审美能力

“没有美育的教育是不完全的教育。”教师肩负着以美育人的神圣使命，作为审美主体，必须具备一定的审美能力。审美能力是指人对于自然美、社会美、心灵美、艺术美的感知、欣赏和判断的能力。审美能力对教师的要求是要具备充分感知美、深刻鉴赏美和真实表达美的能力。

1. 感受美的能力

感受美的能力是指审美主体凭借自己的感觉器官，对审美对象进行感知、体验的能力。从审美角度而言，教材是审美客体，其中蕴含丰富的审美因素，教师只有具备感知美的能力，才能充分挖掘教材中美的内涵，从美学角度把课讲得更有深度，从而扩大学生的视野，使学生的求知欲更为强烈。

2. 鉴赏美的能力

鉴赏美就是审美，是指审美主体凭借自己的生活经验和艺术修养，对审美对象进行观赏、品味，并做出判断的能力。教师的审美判断力主要体现在对教材中美的形象、美的内涵做出准确的评价，帮助学生认识真善美，树立正确的审美观。

3. 表达美的能力

表达美的能力是指审美主体对于生活和艺术中领悟到的美进行再现、传达的能力。教师的职业特点决定了其必须具备表达美、再现美和创造美的能力。教师表达美的方式多种多样，但必须结合课程特点和知识结构，将教材中的美的内涵生动形象地展示在学生面前，从而激发学生的学习兴趣。

（三）教师的表达能力

1. 教师的口语表达能力

教师的口语表达能力是指教师在教学活动中，运用口头语言讲解道理和连贯地、有条理地传达教材信息，启发学生积极思考的能力。日语教师的口语表达能力在日语课堂教学中起到引领示范的作用，对于没有语言环境的日语语言教学来说，作用更是显著。虽然将现代化教学手段引入课堂教学能在一定程度上改变传统课堂教学中单向的师传生受的状况，但是现代化教育手段无论如何也不能取代师生间面对面的交流。优秀的教师要有语言学家的用词准确、教育家的逻辑严密、演说家的论证雄辩、艺术家的情感丰富。

口语表达能力对教师的要求：讲话要准确简明，富有示范性；通俗生动，富有幽默感；条理清楚，富有层次感；点拨启发，富有激励性；抑扬顿挫，富有节奏感。

教师向学生传授的知识具有严格的科学性，只有用准确严密的语言表述，才能让学生正确理解知识，在课堂教学中日语教师更要注意自身语言的规范性和示范性。

教材中有些语句语段内涵丰富，对于学生来说，直接读未必能够理解、记住。这就要求教师要把某些概括性强的语言表述得明确、具体、通俗些，尽量用直观性强的语言，把内容描述得生动些，借助幽默的讲解增加讲授内容的形象性和鲜明性，让学生一听就懂，印象深刻，记忆持久。

教师职业要求教师口语都要合乎语言规范，讲课要条理清晰、逻辑严密，语意流畅贯通、明晰显豁。

教师职业要求教师不仅要教书还要育人。教师的一句点拨可令学生茅塞顿开，一句激励可使学生终身铭记。教师对学生进行启发时，或含蓄，或直白，但一定要情真意切，精诚所至方能打动人心。教师需注意语言运用要细加斟酌、选择，以鼓励激励为主，批评语言也需注意到严厉而不伤学生的自尊心、上进心。

日语教师要注意课堂教学使用的日语语言的语音、语调，此外还要注意音量、语速、节奏既要符合学生的日语水平，还要符合日语日常表达的特点，要做到抑扬顿挫、疏密有致、刚柔并济，符合教材内容及所表现的人物的特点，只有这样才会使课堂教学深刻形象、生动引人。

2.教师的体语表现能力

人们可以通过表情、体态和动作的变化传递信息，这种无声无字的交流就是“身体语言”。教师的体语主要通过眼睛、面部表情和动作姿势来表达。课堂教学中教师运用体语时要注意目光分配要合理，面部表情要适宜，动作姿势要恰当。

目光分配合理是指教师要尽可能关注到所有学生，而不是长时间地直视某个学生，更不能东张西望，或目视天花板，或目视地面，这样会给学生不自信、心绪不宁的印象。学生透过教师坚定、自信、稳健、平和、睿智的目光，会产生被吸引、想亲近、敬重的情感体验，这有助于建立良好的师生关系。

人们能够通过面部形态与色彩的变化，把某些难以或不宜用语言表达的微妙、复杂、深刻的思想感情，准确、精密地表达出来。学生在课堂上可以从教师面部表情上获得信息，以确定自己做出怎样的反应。所以，教师的面部表情要自然，表里如一；要适度，喜怒哀乐有控制；要温和，平易近人。

这样会有助于打开师生情感交流之门，消除学生对教师的恐惧感。

课堂教学中，教师处于学生注目的中心，一招一式、一举一动都具有鲜明的直观性，所以要多加注意。教师的动作、姿势主要是指手、手臂的动作和站立的姿势。课堂上教师的手势动作不宜过多，要有助于传递微妙信息，促使学生积极思考，加深学生的情感体验，服从教学需要。在使用动作时要准确，有分寸，不夸张，力度适当。站姿也要注意自然平稳，不能依靠桌面、呆若木桩，或频繁快速移动，在学生座位间穿行，这些都会使学生产生不良心理感受。

3. 教师的书写能力

教师的书写能力是指教师正确、熟练地书写文字，自如应用简笔画，明晰画出图示、图表的能力。教师的中日文书写要正确规范、美观大方，书写要态势自然、节奏和谐，还要能画出形象的简笔画和图示、图表。

课堂教学中，教师要注意正确区分中文汉字和日文当用汉字，注意日文假名的书写笔顺，注意板书字体的美观和大小，板书设计要精美，适当辅助简笔画或图表，这样有助于吸引学生注意，直接影响到课堂教学的效果。

（四）教师的教育能力

教师的教育能力是指教师不依据特定教材，而是按照社会现在和未来的需要，教育培养新一代的能力。这是任何为人师者都必须具备的能力。教师的教育能力主要包括：全面了解学生的能力；正确评价学生的能力；转化后进生的能力；对学生生存教育的能力；指导学生与人交往的能力；教师“身教”的能力。

1. 全面了解学生的能力

全面了解学生的能力是指教师对教育对象的个性特征、心理素质、道德行为、学习能力以及身体状况等方面具体把握的能力。了解是教育的前提，只有从宏观到微观都了解学生，才能有的放矢地实施教育，收到理想的教育效果。

了解学生要做到了解学生整体和个体。了解学生整体，一是要了解当代学生个性特征的显著变化，如独生子女与非独生子女的个性差异、城乡环境差异带来的学生差异等；二是要了解当代学生的道德意识、审美观与上代人的差异；三是要了解大学生思维状况的微妙变化，如电视、电脑对人的大脑右半球的刺激，促使青少年视觉成像的右半球日益发达，而大脑左半球有退化的倾向，导致厌学、不愿苦学；四是了解家庭和同伴对学生影响的差异。

了解学生个体，一是要了解学生的内心需求和爱好特长；二是要了解学生个体的学习表现及品行修养；三是要了解学生的学习能力和学习动因；四是要了解学生的心理素质。

2. 正确评价学生的能力

正确评价学生的能力是指教师在全面了解学生德智体美诸能力的前提下，按照一定标准，对学生的优势和劣势做出客观评价的能力。对学生客观准确的评价是采取正确教育措施的基础和前提，因此，准确公正地评价学生，是教师必须具备的教育能力之一。

教师在评价学生时要注意客观性和公正性，了解学生渴望正面评价的特殊心理，教师在评价学生时要克服如“第一印象决定一切”“阶段性评价代替整体评价”“一俊遮百丑的光环效应”“只看眼前不看过往的近因效应”等心理偏见，准确把握好积极评价和消极评价的使用度，做到准确适宜、恰如其分。

教师在评价时还要注意评价的激励作用，无论是评价内容还是评价语言都要注意其激励性，好的评语应该是哲理诗，言有尽而意无穷；应该是进行曲，激奋人心，催人向上；应该是说辞，使人明理悟道；应该是箴言，促人警醒奋进。

3. 转化后进生的能力

所谓后进生，既包括缺乏学习愿望与动力、不能掌握基本学习方法而难以完成正常学习任务的学生，也包括不守纪律或有不良道德行为的学生。后进生转化是学校教育工作的永恒主题，是全面提高教育质量的关键环节，也是衡量教师教育教学能力高低的标准之一。

教师在实施转化后进生的教育中首先需要具备晓之以理的说服力，说理要说透，使学生心悦诚服；说理要说真，既客观、正确，还要紧密联系学生实际，把教师的认识真诚地传递给学生；说理还要说勤，有耐心，文火慢炖，用真心滋润学生的心田。

其次，教师还需要动之以情的感染力，做到谈话语调要有情，谈话内容要含情，真正把教师的关注期望之情、尊重爱护之心传递给学生。

最后，教师还要具备导之以行的持久力。后进生的行为矫正常常比他们思想认识的提高困难得多，并且不断出现反复，这就要求教师在引导后进生的行为方面，既要细心周到，又要有“出现反复”的心理准备和“防止反复”的具体步骤，还要有不达目的不罢休的坚持力、持久力。

4. 对学生进行生存教育的能力

生存教育是指为使学生适应社会环境的需要，而进行的生存意识、生存能力的培养过程。学生的生存能力主要体现在三个方面：生理健康，善于保护自己；心理健康，善于和他人合作；道德健康，能处处与人为善。培养学生的生存能力，是当代教育的重要内容之一。对学生进行生存教育的能力是当代教师能力结构的重要组成部分。

对学生进行生存教育时，教师首先要培养学生的生存意识。对于缺少生活阅历的青年学生来说，他们对生存能力的重要性既无感性体验，也无理性认识。这就要求教师能够通过正向事例、反向事例以及相关教育，帮助学生明白，作为一个有较强生存能力的人要具备“五自”，即自尊、自知、自制、自治、自修，有了这“五自”，在人格上能高洁儒雅，在心理上能坦荡磊落，在品德上能傲岸独立，在体魄上能康健强壮。

此外，教师还要在日常生活中培养学生的生存能力。一是能对学生进行生存方法的指导，如指导学生如何保持健康心理和乐观豁达的胸襟；在逆境中如何生存；平时如何与同学、家长、老师相处；如何强身健体预防疾病；如何加强个人思想修养、塑造优秀品质和健康人格；如何面对天灾人祸有效保护自我等。二是能及时帮助学生解决问题，帮助学生增强应对可能出现的挫折的心理能力。三是要能以身作则，对学生形成潜移默化的影响。

5. 指导学生与人交往的能力

交往是社会关系和人际关系的直接现实。学生的交往有横向和纵向之分，横向如同学、同龄人之间的交往，纵向如师生交往、与父母长辈之间的交往等。教师在指导学生与人交往时，必须具备如下能力：

首先，能使学生懂得文明交往有助于自我需求满足，有利于全面认识自我，有利于实现自我完善的交往意义，增强学生交往的主动性，使其向自主交往发展。

其次，要能帮助学生排除交往中“重视他人对自我的理解、忽视自我理解他人”的心理障碍，帮助学生体会营造相互理解、相互尊重的和谐、融洽交往氛围的重要性。

再次，能为学生创设良好的交往情境，在校内举办“主题班会”等活动，为学生增加交往机会，增强其交往意识，使其积累交往经验。

最后，能指导学生掌握诚信正直、明辨是非、相互激励、共同进步的交往原则，培养学生健全的交往人格和品质。

6. 教师"身教"的能力

教师的"身教"能力是指教师在强烈的责任心和使命感的驱动下，凭借自身的品行、学识、人格以及仪表风度等方面的示范作用，去影响和教育学生的能力。

教师"身教"的能力要求教师要做到充满活力、大方热情、胸怀坦荡、宽厚谦和，以人格的力量感染学生；要重视个人专业素质的提高，不断更新知识结构，以学识的力量教育学生；还需要教师身先士卒，以行动的力量激励学生，这比空洞的说教更有效力。

（五）教师的班级管理能力

教师的班级管理能力特指教师强化班级凝聚力，指导和带领班集体实现教育目标的能力。其主要包括设计教育教学环境的能力；选拔培养学生干部的能力；组织班级活动的能力；指导学生学会竞争的能力；培养学生合作精神的能力。

1. 设计教育教学环境的能力

理想的教育教学环境一般指优美的校园自然环境、整洁有序的室内学习环境、和谐的人际环境和健康的文化环境。

在设计教育教学环境的能力方面，要求教师能够善于布置安静优雅的学习环境，使教室整洁卫生，座位井然，整齐划一；还要注意颜色选择与光线处理，创设文化氛围。教师还要善于创造和谐民主的人际环境，促使师生关系和谐，学生之间团结友爱，师生共建文明班级。教师还要能创造积极健康的舆论环境，避免学生受到不良信息的污染，在班级内树立正确舆论风气导向。

2. 选拔培养学生干部的能力

在班级管理工作中，学生干部是班主任的助手，是教师与学生联系的中介。班级干部的选拔和培养是搞好班级工作的重要因素。

在选拔班级干部上要注意如下几方面：第一，要准确选拔，选拔群体中有威信的学生，不能仅凭直观印象或某些书面材料来选人，要从细微之处观其言行，考验其能力。第二，要合理使用班干部，对学生干部要量才而用，发挥其特长，充分信任，大胆使用。第三，要科学指导班干部，将大胆使用与严格要求相结合。

3. 组织班级活动的能力

组织学生参与班级活动、社区活动，是实施素质教育的有效途径。这类活动具有内容广泛、形式多样、实施灵活，强调学生自主参与并获得直接经验等特点。组织学生参与各种活动是当今世界教育的新潮，教师必须具备组织学生参与班级、社区活动的能力。

首先，能够结合学生年龄特点和身心发展规律，科学地确定活动内容。其中教育性活动主要通过班会、团队活动、传统教育活动以及学先进、树新风活动，对学生进行思想品德教育和行为规范训练；知识性活动通过课外小组、知识竞赛、参观学习等活动，培养学生的学习兴趣，强化学生的技能训练和智力训练；娱乐性活动主要通过文体活动，增强学生体质，形成高雅情操，磨炼学生的顽强意志，培养其竞争意识和拼搏合作精神；实践性活动通过组织学生参观访问、实地考察、写调查报告、参加公益劳动和社会服务等活动，沟通学校、社区、家庭之间的联系，把学校教育同社会教育紧密结合起来，引导学生了解社会，增强其社会责任感和社会适应力。

其次，还要能周密地安排活动计划，做到目的明确，活动的内容、时间、形式和程序符合学生的特点和水平。在活动中做到有发动、有检查、有记录、有总结、有评比、有成果展示。

最后，还要做到能有效地指导活动的实施。在活动之前，激发学生参与的兴趣；在活动之中，控制活动环节，逐步深入，使中心主题贯穿始终，做到指挥实施有序；在活动结束后，做好全面总结和公正评价，鼓励先进，指出不足，总结经验教训，以使活动形成良性循环。

4. 指导学生学会竞争的能力

竞争通常是指人们在一定条件下，通过各自努力分出高低优劣，从而推动事物发展的活动形式。学生的竞争主要有学业竞争以及为个人荣誉、班集体荣誉而产生的竞争。在指导学生学会竞争的能力要求上，教师要注意以下几点：

一是要明确学生间的竞争与成人竞争的质的区别。首先是竞争目标不同，学生竞争服务于教育工作者的育人目标，是为全体学生的全面发展服务的，不存在根本利益的冲突。其次是竞争性质不同，学生竞争的本质特征是建设性、发展性、提高性竞争，竞争的基本方向是共同提高。

二是要认识学生群体中开展竞争活动的局限性。竞争有可能使弱者更自卑，强化了自我怀疑程度，也有可能使少数一贯优胜者产生优越感和虚荣心。无论竞争结果如何都会引发部分学生的心理焦虑，所以设计竞争活动时不要忽视竞争的负面作用，要充分考虑引导机制和评价机制，充分发挥竞争的正向效应，弱化以至于消除其负面效应。

三是在指导学生竞争时要把握好竞争基本原则，形成良性循环。要使竞争合理，有适应性；要优化评价机制，如考试排名变“绝对成绩”评价为“相对成绩”评价，学生只和自己的过去比，这样有利于全体学生共同进步；还要关注疏导工作，使学生能够以平常心参与竞争，正确认识成败，促进学生良好心理品质的形成。

5. 培养学生合作精神的能力

学生的合作精神与竞争能力并不矛盾，具有良好合作精神的人更具备竞争力。培养学生的合作精神，教师要注意以下几方面：能够培养学生的集体主义和互助友爱之情；能指导班级干部在工作上密切合作；能培养学生在学习上的互助精神；能促使学生在各项活动中友好合作；能鼓励学生在生活上互相关心、互相帮助。

二、日语教师的教学能力

此部分主要讨论的内容包括日语教师的教学设计能力、日语教师的教学实施能力、日语教师的教学操作能力、日语教师组织课堂教学能力。

（一）日语教师的教学设计能力

日语教师的教学能力是教师从事教学活动、完成教学任务的能力，是教师业务能力的主要方面。

1. 掌握和运用课程标准（教学大纲）的能力

掌握和运用课程标准（教学大纲）的能力主要指教师能依据课程标准（教学大纲），确定教学目标，明确教学改革方向，厘清知识结构，把握教学重点。

2. 掌握和运用教材的能力

掌握和运用教材的能力主要指教师能理解教材的特点，能分析教材的内涵，能把握教材的重点、难点和关键处，能理清教材的知识点。

3. 选择、运用教学参考书的能力

选择、运用教学参考书的能力主要指教师能博览群书，为我所用；能精心比较，择善而从；能勇于探索，寻求真知。

4. 编写教案的能力

编写教案的能力主要指教师能掌握编写教案的科学性、实用性、针对性、创建性原则；能正确表述教学目标；能把握教材重点、难点；能精巧设计教

学过程；能熟悉教案基本格式。

5.“说课”的能力

“说课”是指执教者在特定的场合，在精心备课的基础上，面对同行或教研人员讲述的对某节课或某单元的教学设想及其理论依据，由听者评议，说者答辩，相互切磋，从而使教学设计趋于完善的一种教学活动。其主要指教师的如下能力：第一，能熟知说课的内容，即说教材、说教法、说学法、说程序。第二，能区分说课的类型，在说课时间安排上是课前说课还是课后说课，在说课范围上是备课组说课、教研组说课还是年级说课、学校说课、公开说课，在说课目的的划分上是教研型说课、汇报型说课还是示范型说课、观摩型说课、竞赛型说课。第三，能把握说课的原则，做到说理精辟，突出理论性；客观再现，具有操作性；不拘泥于形式，富有灵活性。

（二）日语教师的教学实施能力

1. 因材施教的能力

因材施教是指从教育对象的实际出发，根据学生的不同特点，采取不同的方法，进行有的放矢的教育。教师的因材施教能力主要体现在能定向导学，因人施教；能对学业成绩优、中、后等不同类别的学生分层施教；能发展学生特长，培养拔尖人才。

2. 实现教学目标的能力

教学目标是教学任务的具体化指标，是师生双方在教学活动中所要达到的预期结果或标准。教学目的针对教师而言，是对教师提出的要求，为教师的教提出方向；教学目标针对学生而言，是针对学生提出的要求，为学生的学起导向作用。教师的实现教学目标的能力包括：第一，能正确制定教学目标，在制定课时教学目标时应做到内容全面、层次分明、要求适度、具体可测。第二，能恰当表述教学目标，要注意到教学活动的主体是学生，还要注意在表述教学目标时要突出目标的导向性。要意识到以下几点：教学目标是教学内容的纲领性要点；教学目标是教学活动的指南性程序；教学目标是学生学习的激励性阶梯；教学目标是教学结果的评价性标准。第三，能优化教学过程。教学过程的科学流程是“前提测评—认定目标—导学达标—达标测评”。第四，能掌握教学评价的方式、标准。例如，引入形成性评价理论评价当堂达标和单元达标；引入达成性评价理论做课时级（课堂上观察、提问、练习、测试）达成评价和单元级（单元测试）达成评价。教师还必须熟悉“面向全体学生、促进学生全面发展”的教学质量评价标准。

3. 选择、运用教学方法的能力

教学方法是教学的途径和手段，是教学过程中教师教的方法和学生学的方法的总和，是完成教学任务的方法的总称。教师选择运用教学方法的能力包括：第一，能掌握选择教学方法的标准，能根据教学目标是知识、信息方面的，还是认知技能、情感态度方面的来选择教学方法；也能够根据学生心理特点、知识基础来选择教学方法；还能够根据学科特点选择教学方法。第二，能了解选择教学方法的程序。著名教育学家巴班斯基归纳出教师选择教学方法的一般程序：决定是选择学生独立学习法还是选择教师指导法；决定是选择再现法还是选择探索法；决定是选择归纳法还是演绎法；决定关于口述、直观法和实际操作法如何结合的问题；决定关于选择检查和自我检查的方法问题；认真考虑各种方法相结合的不同方案。第三，能使教法和学法相契合。教师的教法必须与学生的认知规律、思维规律相适应，与学生的学法相符合，逐步增长学生自学的能力。

4. 激发学生学习兴趣的能力

兴趣是人接触和认识某种事物的积极态度，是推动学习活动的内在动力。教师激发学生兴趣的能力主要包括：能以感情打动学生；能以新奇刺激学生的好奇心；能以演示吸引学生参与；能以调整教法帮助学生解除学习疲劳、注意力分散等问题。

5. 指导学生学习方法的能力

教师指导学生采取正确学习方法的能力主要包括：能示范引导，授之以学法；能依据教材，展示学法；能总结规律，揭示学法；能设计练习，巩固学法；能区别情况，指导学法。

6. 指导学生学习迁移的能力

在学习过程中，已经掌握的知识和技能对继续学习新知识、新技能会产生一定影响，这种现象在心理学上被称为迁移。迁移有正、负之分，对新知识、新技能的影响是积极的，起促进作用的就是正迁移；反之就是负迁移。教师指导学生学习迁移的能力包括：能比较异同，促进迁移；能典型引路，触类旁通；能强化练习，熟中生巧；能循循善诱，举一反三。日语教师在指导学生学习迁移时不仅要关注母语汉语与日语的迁移，还要关注学生在初高中阶段作为第一外语学习的英语与日语学习之间的迁移。

（三）日语教师的教学操作能力

1. 制作教具能力

教具是指教学过程中可以借以辅助教学活动的用具。传统的教具有标本、模型、图表等，现代媒体有投影、幻灯、录音、电视、录像、计算机等。教师自制教具可以与教学仪器相互补充。教师的自制教具能力包括：能掌握教具制作的教育性原则、科学性原则、实用性原则、经济性原则；能掌握教具制作的技能，如模型制作、标本制作、图表制作、现代教育媒体的应用和制作等。

2. 操作与示范能力

操作与示范能力主要指教师在教学活动中的“身教”能力。其主要包括：①动手操作能力，如视听设备、幻灯机、多媒体设备等的操作使用能与知识传授同步，且操作正确、规范；操作演示有动态性，演示简明。②具备示范能力，如能进行日文歌曲示范演唱。

3. 使用现代教育技术能力

使用现代教育技术能力主要指教师能使用视觉、听觉媒体以及多媒体设备，边讲边放映，能用媒体设备代替黑板、挂图等，使课堂教学内容更丰富，信息量更大，更直观，更能调动学生的学习兴趣和学习积极性。

（四）日语教师组织课堂教学能力

1. 课堂教学开讲能力

开讲即课堂教学的开场白，也称导入新课，是课堂教学的起始环节。“良好的开端是成功的一半。”实践证明，别开生面的开讲，具有稳定课堂秩序、收拢学生思绪、引发学生兴趣、启发积极思考、增强听课需求的作用。教师的开讲能力包括：开讲语言设计要言简意赅，具有针对性；开讲具有启发性；开讲要具有趣味性。开讲设计的原则是：要展示新旧知识的联系点；要向学生传递期待的信息；要为学生创造良好的学习环境。

2. 创设最佳教学情境的能力

教学情境是指教师进行教学活动时所处的特定氛围。最佳教学情境是指教师为完成教学任务而创造的人际（师生之间）关系融洽、教学气氛和谐、易于学生理解掌握所学知识的特定环境。教师创设最佳教学情境的能力包括：能再现教材中的情境；能引导学生进入教材的情境；能启发学生想象教材的情境。

3. 教学设疑能力

设疑在教学中的实施形式就是提问。教师在课堂上巧妙地提出问题，对于激发学生思维、发展学生智力、发挥学生的主体作用、提高课堂教学效率，都具有重要意义。教师设疑时要做到以下几点。

①设疑要具有明确的目的性。必须紧扣教学目标，备课时要考虑好每个问题该不该问，在什么环节问，怎么问，难度多大，解决什么问题，培养什么能力等。②设疑要具有启发性。过于直白的提问，答案过于简单，不能调动学生思维的积极性。设疑时可以预设矛盾对立问题，引发学生讨论，促使学生积极思考。③设疑要具有针对性。既要针对教材实践，又要针对学生实际。

4. 教学举例能力

精当的举例是一种教学艺术。教师的教学举例能力主要体现在选例、用例、讲例三个环节上。选例应该准确、典型，具有科学性；用例应该恰到好处，具有针对性；讲例应该生动、形象，具有趣味性。

5. 设计板书能力

板书设计是指教师在黑板或投影屏幕上，以简练的文字、符号、线条和图形等方式，向学生呈现教学内容、认知过程，使知识条理化、系统化，帮助学生正确理解、增强记忆，辅助课堂口语表达，保留传输信息，以提高教学效率的一种教学行为。板书设计包括：词语式——关键词板书；纲要式——注重系统和层次；表解式——用大小括号、关系框架图展示知识结构关系；线索式——以“主线”“副线”的形式将知识点串联起来，体现教材编者的思路；表格式——列出知识的纵横关系，类比推理，比较异同；图示式——以简笔画的形式加深学生的感知印象。教师的板书设计能力包括：板书应揭示教学内容；板书应展示知识网络；板书应体现教学思路；板书应做到形式美观。

6. 教学应变能力

教学应变能力是指教师正确处理课堂上突然发生的意外情况，通过随机应变而使教学进程继续，并取得良好效果的能力。教师的教学应变能力包括：能适时调整教学内容；能适当变动教学程序；能合理调控教学节奏；能灵活改变教学方法；能巧妙处理教学失误。

7. 教学反馈能力

教学反馈是指教师输送给学生的教学信息在学生中产生反应并返回教

师，从而对教学信息的再输出产生影响的教学控制过程。有经验的教师能根据学生课堂上的眼神、回答问题的情况确定信息输出效果，灵活、及时地调整讲课进度、深浅程度和教学方法。教师的教学反馈能力包括：能及时捕捉反馈信息；能输出可靠信息；能自然排除谬误信息；能主动探究最佳信息。

8. 课堂教学收结能力

完善、精要的结束语，可以使课堂教学锦上添花，对一堂课有画龙点睛、总结升华、巩固效果、引导探索、指导作业的多种功能。教师的课堂教学收结能力主要体现在：能善于归纳总结，由繁至简，纲举目张；能画龙点睛，强化重点；能比较异同，帮助理解；能承前启后，形成链锁；能设计练习，检验效果。

9. 设置学科作业能力

学科作业具有深化对概念、规律的理解和掌握，将知识转化为技能、技巧，提高学生运用知识分析、解决问题能力的作用。其是教师了解课堂教学效果，取得反馈信息，及时调控，实现教学目标的重要途径。优化学科作业设置是优化教学过程的重要一环，是调动学生学习积极性和主动性，减轻过重的课业负担，促进学生身心素质全面发展的重要环节。教师的课业设置能力包括：①能使作业设置更具有科学性，选题多少要适量，要有典型性、代表性；选题要难易适度，与班级学生的认知水平相适应。②作业设置能体现层次性，既有模仿性的基础训练，又有独立性的单项练习题，还要有灵活的综合训练题和创造性的扩展训练题。让不同程度的学生都能有所得，体现因材施教的原则。③作业设置富有趣味性。④作业设置能突出实践性，学生对自己动手动脑总结出来的规律、经验以及在实践中运用了的新知识，记忆更深刻，理解更透彻。⑤作业设置要注意实效性，不能盲目求数量，更不能布置惩罚性作业。

10. 教学检测能力

检测是指对学生学习阶段性成果的检验、测试，也是对教师教学阶段性效果的验证和评估。教师教学检测能力包括：①能设计测试蓝图，即根据教学大纲要求，在分析、掌握检测目标的前提下，将要测试的内容按照教学目标制定出一份双向细目表，作为命题工作的依据。双向细目表包括两个维度：一是教学目标，二是测试内容。教学目标维度对认知领域的目标分为记忆、理解、应用、综合四个层次。②能把握命题要领的能力，教师要明确选择题、是非题、填空题、论述题、简答题等各题型的编写原则。③能进行试卷讲评。

三、日语教师自我完善和发展的能力

日语教师自我完善和发展的能力是指现代教师应当具备的能促使自己的思想、业务及人格不断趋于完善、不断有所发展的能力，这是充分发挥教师潜能、充分发挥教师才华和充分实现教师价值的能力。它主要包括：教师的学习能力；教师的教育研究能力；教师的教学创新能力；正确处理人际关系的能力。

（一）日语教师的学习能力

日语教师的学习能力是指适应教师自我完善和发展的需要，及时、准确地吸纳、组合有用的知识信息，从而不断增强思想活力和工作效能的能力。教师的学习能力主要包括：第一，了解自我的学习基础，明确本职工作向自己提出的科学文化知识和业务工作的能力要求以及自己所能达到的程度；了解知识的类型，明确知识是什么、为什么、怎么用等；了解自己习惯的学习方式是视觉学习还是听觉学习、触觉学习，还是多感官互动的学习；了解适合自己的学习途径是阅读性学习还是实践性学习、研究性学习、写作性学习。第二，要有明确的学习方向和目标，能根据工作实践的需要及自己的兴趣、特长，确定学习的主攻方向和阶段性目标，通过系统学习取得创新性成果。第三，要有较强的学习能力，能敏锐地感受信息，能广泛地积累信息，能恰当地使用信息，能热情地探求新信息。

（二）日语教师的教育研究能力

日语教师的教育研究能力是指教师在教育教学过程中，从事与教育教学有关的各种课题的实验、研究与发明创造的能力。教师的教育研究能力包括：第一，教师能根据教育教学实践以及发展需要恰当地选定研究题目、实验项目或确定教育科研论著名称。在选题时要注意遵循实践性原则、创新性原则、可行性原则。第二，要能进行教改试验，做到教改目标明确可行；要对试验结果总结验收。第三，要善于收集整理教育研究资料，并学会归纳整理资料。第四，教师还要具备撰写教育教学论文的能力，能聚焦定题，审定题旨，还要善于组织结构、分析论证。

（三）日语教师的教学创新能力

教育对象的多变性与差异性，决定了教师工作本身就应该是一种创造性劳动。教师的教学创新能力包括：能更新和组合教学内容；能创造新的教学方法；能优化教学过程。

（四）正确处理人际关系的能力

教师在处理人际关系时要注意平等、互利、信用、相容的原则。根据教师的工作性质和交往范围，教师处理人际关系的能力主要体现在以下几个方面：①能正确处理与学校领导之间的关系，能尊敬、体谅领导，服从工作分配，热情支持领导。②能正确处理教师之间的关系，做到团结一致、工作协调、相互尊重、诚恳待人，在生活上相助，利益互让。③能正确处理师生之间的关系，对学生热情关爱，以情感人，理解尊重学生，师生民主平等，同时也要严格管理，以理服人。④能正确处理与学生家长的关系，做到真诚相交，密切联系，尊重家长，增进理解，互助合作，帮助学生进步，避免与学生家长交往中的功利性。

四、日语教师能力的发挥

日语教师能力的育人功能是巨大的。要使教师能力在提高教育教学质量方面得以最大限度的发挥，充分实现其社会价值，必须依靠教师主观能动性和客观环境条件两方面的积极支撑，缺一不可。

（一）日语教师能力发挥的内在因素

教育过程是一个启智、育德、健体、益能的复杂过程。要想取得最佳教育效果，关键在于教师内在驱动力的充分发挥。发挥教师内在驱动力的关键在于：对工作有浓厚的兴趣和远大追求，有正确的自我认识和评价能力，有较强的自控力和自律能力，善于克服职业倦怠心理，注重开拓精神和科学态度的统一。

（二）日语教师能力发挥的外在条件

教师能力发挥还缺少不了良好的工作生活环境、上级领导的支持和信任，这些外在要素也会制约教师能力的发挥效果。为此，作为教育部门领导，需要为教师创造良好的外在条件。比如，因为教师能力的形成受遗传素质、家庭环境、所受教育、教育实践的影响而各有不同，所以要正确认识教师能力的差异；要全面了解教师现有能力及潜能；要量才录用，使人展其能；要解除教师的后顾之忧，使人尽其力；要尊重教师的个性及其劳动的特殊性。

第四节　日语学习

学习行为本身就是人的心理活动的变化，对日语学习的研究就是对人的心理活动的研究。日语学习者在学习过程中会遇到各种各样的学习困难，学校教育能够帮助学习者解决的困难主要是依靠教师的有效指导。而指导的依据就是准确把握学习者在外语学习过程中的心理机制和心理过程，只有分析知识学习与技能学习过程中人的心理活动的本质，才能清楚学习策略和方法。

一、日语学习的困难

日语学习是一项艰苦的活动，在日语学习过程中不可避免地会遇到这样或那样的困难。也正因为如此，我们才要研究这些困难，了解困难的性质类别，明确对待困难的态度，探讨解决困难的方法。这也是日语教学研究的根本任务和重要课题。一般认为，在日语学习活动中，学习者会遇到如下的困难。

（一）记忆和遗忘

研究日语学习要解决的首要问题就是如何记忆、如何与遗忘作斗争的问题。每一个学习者都有过这样的体验：有时通过某种契机——我们称之为“强刺激”，能一下子记住某个事物，并且可以长久保持。例如，对考试时没有回答上来的问题记忆深刻等。有时候对于某个事物即使多次重复记忆还是会很快遗忘，甚至由此导致学习者对于自己的智力水平有所怀疑，对学习失去信心，认为自己记性差，不适合学习外语。还有人将这种遗忘归结于没有语言学习天赋。还有一种情况，对一些知识的学习是在不知不觉中无意识地记忆的。总之，日语学习的过程就是与遗忘作斗争的过程。

（二）“高分低能”困扰

日语水平上的“高分低能”是指参加各级各类日语考试能够取得较好成绩，但是日语语言的应用能力低，不能够自如表达自己的思想，不能用日语进行口头、笔头交际的现象。实际上这种现象在当今的日语学习中普遍存在。造成这种问题的直接原因在于以追求分数为核心的教育运行机制以及学习者对于日语学习活动的本质认识不清。

从教育运行机制角度考虑，追求分数和升学率必然导致题海战术、机械记忆、应付考试的教学模式的出现。学习者无暇顾及语言学习的实用性和个人综合能力的发展，只是擅长做客观性多选题试卷，成了考试的机器，也就造成许多多年学习日语者不会用日语表达，也就是“哑巴式日语”现象的出现。

从学习者对学习的认识角度考虑，如果盲目地把日语学习认为是教科书的学习，忽视对所学知识的宏观认识，不能够建立起一个合理的知识结构，可能在以教科书为依据的各种考试中会取得不错的成绩，但是脱离教科书，语言的应用能力就大打折扣。这也是“高分低能”现象的一个成因。当然我们并不反对依据教科书来学习，脱离教科书去随意学习也是不可想象的。尤其是对于外语的学习，需要强调的是，依据教科书学习要以重视知识结构的建立和各种能力、技能的训练为重点。离开能力的提高，单纯考虑积累知识量，势必会遇到学习困难。

（三）交际困难

交际分为言语交际和非言语交际。造成交际困难的原因很多，包括个性心理特征、情感态度等。语言是交际的工具，对于一个积极参与交际活动的人来说，即使语言规则的掌握不是很丰富，词汇量不是很多，但是他也会通过非言语行为，如手势、表情、动作等努力表达自己的思想，与人沟通。语言交流困难者通常是不愿意或难于与他人运用日语去交流的人，例如，性格内向，生性羞涩，不愿意主动开口的人；担心被笑话，没有勇气与别人用日语交流的人等。遇到这种情况，就需要从学习态度、情感的角度去调整心态，端正学习态度。

日语学习者要明确学习目标，相信“不耻下问”的古训，了解学习外语要有“厚脸皮”的勇气，勇于实践，创造条件去实践，不断鼓励自己用日语去交流。

语言是交流的工具，表达思想感情是它的作用之一。无论是在语言学习还是在语言的应用中，都需要具备一个良好的外语氛围，以及轻松、融洽的语言交流环境，独自学习很难学习和掌握一门语言。因此，要避免“自我中心”式的学习，要提倡交流合作式学习。

（四）母语干扰

母语对外语学习的干扰问题主要表现在对语言知识学习的干扰、对思维的干扰等方面。

母语对语言知识学习的干扰主要表现在语音、词汇、语法学习方面。对语音的干扰主要表现为发音时舌位、口型接近母语，导致错误发音。

对词汇的干扰主要表现为对词义概念的误解和学习日语当用汉字时读音困难。石田敏子的调查研究结果表明，汉字圈的外国人学习汉字时读音困难占绝对主要的地位，对日语汉字的书写困难占27%。对词义概念的误解主要是容易将与汉语词汇形近意异的词汇释义错误。

在语法方面，冯富荣从关于中国人学习日语被动句时母语的影响作用研究中得出以下结论：①成年人学习日语语法，母语的影响与学习年限无关，始终存在。②学习与母语语法相同的日语语法时，母语发挥促进作用；反之，母语对日语语法的学习起干涉作用。③日语与母语的不同部分是日语语法学习的难点和重点。④学习与母语不同的日语语法现象，发生错误的概率不会随着学习年限的增加而减少。⑤正确的日语语法输入（学习）并不会必然导致正确的语法输出（使用）。根据冯富荣对于成年人日语语法学习过程中母语对认知处理的影响研究得知，成年人在处理第二言语学习材料时有利用母语的倾向，不论其与母语是否存在联系也要将其体系化；学习者在使用所学到的第二言语材料时不是按学习到的语言规则原样产出的，而是按照母语规则演绎性推理创造性地产出的；在学习母语中不存在的第二言语表现时有回避的倾向，由此，存在为避免暴露学习错误而回避使用这一类语法现象的情况。此外，关阳子还得出了以汉语为母语的中国人在冠词和时态上容易发生错误的结论。

母语干扰的另一个方面就是日语思维困难的问题，主要包含：日语思维形成困难；用日语进行思考时出现思维能力降低的倾向。

思维形成困难是指我们想用外语表达时，常常不自觉地把要表达的思想内容在脑海里用母语思考一遍，然后再寻找相应的外语词来代替，从而经常使用汉语式日语的表达方式，出现交际时语言迟钝不流畅的问题。

此外，当努力用日语进行思考时还会出现思维能力降低的情况。对于很简单的提问不能做出准确的回答，即顾得上语言规则就顾不上要表达的内容，反之亦然。尤其是在听说过程中，对于很简单的问题也会顾此失彼，直到让我们开始怀疑自己的智力。有研究者将这种现象定义为外语副作用。外语思维问题向来是困扰外语学习者的一个大问题。如果能够越过这个困难，我们的语言应用就踏上了一个新的台阶。

（五）语感形成困难

语感与思维一样，是属于比较复杂的人的心理机能，也是外语能力的潜在表现。就如同音乐家要有乐感、游泳选手要有水感一样，使用语言也必须具备语感。例如，从影视录像中看到过这样的画面：在吃饭前，日本人总是双手合十在胸前。在学习这句话时，脑海里能够浮现出这样的画面，甚至能回忆起说这句台词的人的表情、语调、态度等，从而找到这句话的语感。而实际上，大多数的学习者很少会能动地注重这种语感的培养，学习时常常专注于语言的结构、意义。即使固有知识中已经预存了许多类似的可以为语感生成提供帮助的知识和经验，也不能够很好地提取利用。特别是当把日语思维纳入语言交际活动中时，就更加难以兼顾语感的问题。而语感不能生成，我们对语言的应用就会有雾里看花，似是而非的感觉，由此导致语言应用时缺乏自信。如果将固有知识和经验纳入语言交流中，则对语感的生成会有帮助。

外语思维和外语语感都是日语学习能力的高级表现，也是学习日语的重要目标。对于学习者来说也是学习的困难所在。

（六）学习评价失误

每一名学习者都是抱着“好好学”这一美好的愿望开始学习日语的，但是良好学习成效的标准是什么却难以认定。通常学习者能够借鉴的标准是考试成绩和教师评价。根据在班级里的学习成绩排名来评价自我学习，则这个评价基准是成绩的序列，而不是知识和能力水平的评定。若评价总是鼓励回答一个问题时是小心翼翼地揣摩教师或教科书上的标准答案是什么、考虑书上的例句是如何写的要多于考虑可以用哪些方法回答这个问题，则这个评价的基准不是源自语言交际能力的高低，而只是对教科书内容熟练程度的认定。对日语学习来说，从某种意义上讲成绩高绝不意味着能力一定高。

不能否认，考试成绩与学习效果或学习成就有着密切的联系，教师从教师职业道德的角度出发，也会尽可能客观公正地评价每一位学习者的学习成就。但是考试成绩通常只能对我们学习的某一个侧面进行测定；教师评价由于是主观性行为，难免会有不准确、不完善之处。作为理性的学习者，不仅要重视这些外界的评价，还要具备准确评价自我的能力，从而达到自我学习的目的。

学习的自我评价历来是学习研究的重要话题。如何认识自己已经取得的学习成就，根据什么去衡量自己目前的学习状况，学习者对自己学习情况的评价为未来的学习带来什么影响，通常学习者是如何评价自我的，这也是研究学习策略不可回避的问题。过高或过低评价自我学习都是不利于学习的，而对于自我的学习不做评价——指除了被动接受外界评价外，不主动积极地去评价自我的学习活动，更是要不得。

（七）没有掌握学习策略

学习策略是指在学习过程中为达到预定的学习目标而采取的一系列学习活动。广义的学习策略指为实现既定的学习目标而制订实施的学习总体方案，包括学习方法、学习步骤、学习工具、情感调控等。它是学习者在学习活动中有效学习的程序、规则、方法、技巧及调控方式。

第二言语学习成立的条件是发现问题，只有学习者自觉地发现问题，才能促进学习。在日语学习过程中不善于思考，不善于发现问题，就很难获得学习成效。而长期以来学习者仅依靠个人经验开展学习，对学习本身认识不清，已经掌握的和能够灵活运用的学习方法个体性差异较大，悟性强的、对学习问题重视的学习者能够尽快摸索出一套适合自己的学习策略，反之，则在学习过程中苦苦煎熬，虽然付出很多努力，却难以取得预期成效。在日语学习活动中这种现象是极为普遍的。对学习方法的选择、学习策略的设计是困扰众多学习者的问题。

二、日语学习的心理基础

心理语言学关于语言的认知心理研究通常不十分关注语言本身，而是更重视人是如何在头脑中处理语言信息的，希望了解从语言中独立出来的人的根本心理机制。由此导致对语言学习心理过程的研究要么是缺乏语言现象介入的学习心理过程，要么是语言结构与语言理解、生成之类的音韵论、意义论等研究。尽管如此，在研究语言与心理相结合方面，心理语言学家已经做出了积极探索，得出一些可以借鉴的结论。特别是随着运用计算机进行言语理解的认知科学的兴盛，研究者开始把目光投向了解特定语言固有的处理机制上。在日语教学与学习研究方面，我们可以从语言的特质、学习的特质方面考虑如何对语言信息进行处理，从而了解学习语言、掌握语言的人的心理结构和心理过程，进而能动地采取有效的策略，以解决学习者在日语学习过程中产生的有关学习方法、认知方式等方面的困扰，了解日语学习的本质，帮助学习者获得良好的学习成就。

（一）日语学习的心理结构

日语学习首先是人的学习，受人类共同的心理机能的制约。其次，还受支配着语言的心理机能的制约和社会文化所固有的心理机制的制约。我们可以在这三层结构中来考虑日语学习问题。

处于底层、基础层面的就是认知心理学研究的主要课题——心理机制的问题。但是这不是日语学习理论最关心的问题，我们更关心处于中层和上层的心理活动。因为支持语言活动的心理机制能清楚地描述日语学习的心理和过程，在评估和监督学习效果时，有检测和修正学习行为的功效；社会文化中固有的心理机制，不仅关乎日语学习中的情绪、情感等问题，对于跨文化接触、理解、融合也具有重要的影响。

（二）日语学习的信息处理模型

研究信息处理模型就是要探究我们认知世界的构造和机能，这是人的心理机制的一部分。智能是由知识和智力组成的。人通过视觉等感觉器官将感知的事物表象传导到人的感觉信息储藏库，再由储藏库进入人的短时记忆系统，期间会受到情感系统和注意系统的干扰。然后，一部分信息会转入长时记忆，这就是通常所说的真正地记住了。还有一部分信息会被表达或再现，或者被保留在短时记忆中。其中被保留的部分就是被遗忘的部分。因此识记、保持和再现（回忆和再认）是记忆的三个基本过程。如果把记忆看作一个系统，则它包括感觉记忆、短时记忆和长时记忆三个子系统。语言的学习也依存于人的记忆系统。

1. 感觉记忆

感觉记忆是保持感觉刺激（声、光等）的瞬时和原始的映象，其特点是保持时间短，视觉不超过 1 秒，听觉约为 4 秒。其作用是保持知觉的连贯性和进行登记以后，为后续加工赢得时间。

人在一瞬间获得的信息映像就是感觉信息储藏库的信息来源。当信息进入时，通常哪怕是与已有信息有一点点的差异，新旧信息之间也会产生融合性互动，从而我们能够体验到一连贯的持续活动的映像，就像连续观看时间间隔为 50 微秒的一张张照片时，我们能感觉到画面在动一样。但是在这样的短时间内连续感觉异质信息，信息内容之间就会相互干扰，导致信息遗失。

语言学习中的感觉记忆通常是以听音、观看语言外形来实现的。在感觉过程中，如果我们能够有足够的注意，就可以把感觉记忆中对语言的感知传递到记忆系统的下一个阶段——短时记忆。对于感觉记忆过程中的信息内容的互扰，我们可以通过新旧知识融合、强化刺激等方式努力克服。

2. 短时记忆

短时记忆保持的时间约为 20 秒，最多不会超过 30 秒，其信息容量为 7±2 个组块，这是一个神奇的模块单位。组块是指人们在过去的经验中已变得相当熟悉的一个刺激单位，可以由多个数字或字母组成，如同3.1415926……可以代替它一样，多个数字形成主观的组块。一个人对某些方面的知识掌握得越多（组块多），他在这方面的记忆力就越强。在短时记忆中有魔法般神奇力量的数字“7”被心理学界广泛认同。

将信息块称为主观的组块是因为人们在对信息进行编码时通常采用的方法因人而异。例如，对于100110011001 这个信息块的编码，就可以有多种形式：

100—1100—1100—1；

1001—1001—1001；

100—1—100—1—100—1。

短时记忆中的信息编码形式因记忆材料的变化而变化。有实验表明，记忆拼音文字时，暂存在短时记忆中的信息是用听觉编码的；记忆象形文字时，短时记忆则以形状编码为主。由于日语词汇是由象形文字的汉字和类似拼音文字的假名组成的，因此对日语语言的记忆要由听觉编码和形状编码共同完成。

由于我们国家使用的汉字与日语的当用汉字字型相近，因此依靠形状编码增进短时记忆是常用的方法之一。但是还要认识到日语的当用汉字的发音是通过假名的读音来表现的，所以，形状编码对日语语言记忆的影响要小于听觉编码。

通常短时记忆的遗忘不是信息的自然消退，而是由需要记忆的信息被其他信息干扰所造成的，所以要增进短时记忆效果，就需要利用注意力集中复述。复述可以维持感觉记忆在短时记忆库登记过程中的刺激。注意力不集中的维持性复述虽然能够延长短时记忆的时间，却不能自动把信息转入长时记忆中去。因此，在短时记忆中我们除了强调注意的作用外，还强调重复的作用。

在语言的学习中，重复又被称作练习。只是这个练习是在注意力集中状态下的重复，还要考虑到关于学习的其他一些情感问题。

3. 长时记忆

长时记忆是指长时期保持信息，时间从一分钟到人的一生。长时间记忆的保持量和内容会随着时间的推移而发生变化。要使信息从短时记忆转入长时记忆，需要长时记忆对记忆材料进行储存，这主要通过对学习材料的精致性复述、组织加工而习得。

精致性复述就是将接收到的信息进行各种精致性编码，如联想编码、组织编码等；组织加工是指把新材料加入已有的知识框架中，或者把材料组合成某个新的知识框架的过程，如分门别类记忆、联想记忆、意义编码（赋予无意义材料一定的意义）、心像化（将材料在头脑中形成影像）等。如何运用这些策略，我们将在教学策略部分详细论述。

心理学的研究表明，长时记忆的遗忘不是信息的消失，而是由记忆的提取和再现等检索线索不足而导致的不能尽快回忆（检索不足学说）。还有研究表明，长时记忆的遗忘是因为在学习或回忆时受到其他刺激的干扰（抑制学说），抑制学说中主要强调的是倒摄抑制和前摄抑制。所谓倒摄抑制指的是后学习的材料对回忆先学习的材料的干扰，反之则为前摄抑制。对长时记忆在时间上保持量的变化研究，最著名的就是德国心理学家艾宾浩斯，他以无意义音节为材料做实验，提出记忆保持曲线。在这个曲线中我们可以看到先快后慢的遗忘规律。许多实验证明，在外语课下课 20 分钟后，学生会遗忘 50% 的所学材料，一小时后遗忘 60%，一天后遗忘三分之二，六天后遗忘

75%，一个月后遗忘97%。所以我们在学习外语过程中要及时、合理地复习巩固。

检索不足说和抑制学说都是从记忆内容的再现或提取角度考虑影响长时记忆的问题的。记忆内容的提取和再现是我们记忆的目的，它是一个复杂的心理过程。长时记忆的提取有时是有意的，有时是无意的。有意回忆有时需要一定的意志努力和策略。因此，记忆日语时要采用必要的识记策略，联想、触景生情等方式对语言记忆的提取有帮助。

（三）注意的特征

根据人的认知结构，在感觉记忆和短时记忆中，注意都发挥着重要的作用。如果注意分配适当，则可以暂时提高短时记忆的功效。如果分配不当，则会降低短时记忆的功效。

心理学的研究表明，注意有以下两方面的特征，即受动性和能动性。

听到大的声音注意自然转向声音，这就是注意的受动性，是环境中的显著对比吸引了人的注意。当我们对感兴趣或关心的事物有意识地集中注意时，这就成为能动的注意，是注意的能动性。因此，我们能够在某种程度上自我控制注意什么（注意的选择）、注意的程度（注意分配）、注意的时间、注意的持续等。

此外，注意与感情状态密切相关。对感兴趣的事物我们能够长时间倾注注意，惊吓会搅乱我们的注意，心情郁闷时注意也会凌乱，紧张会使注意持续。我们的感情状态就是这样与注意紧密联系的。特异的感情状态引发的精神压力和动机会对注意产生强烈的影响，进而会影响到短时记忆的信息处理。

影响注意发挥作用的是情感要素。在语言学习中，我们需要有良好的学习心态，让学习兴趣、爱好、理想目标等都成为提高注意力的原动力，发挥注意的能动性。

（四）元认知的机能

简单地说，元认知是人们对认知的认知。例如，你认为在短时记忆时自己的记忆容量是多少？采用什么方法才能很好记忆？你认为哪一种课程比较难？这些都是我们在记忆或解决问题方面的自我认识。元认知对我们解决问题有重要意义。

从元认知支持人们的自省能力角度出发，元认知具有四种监视和控制机能。一是自我监督机能，包括自己知道什么（知识的元认知）、自己能做什么（能力的元认知）、自己现在的心理怎样（认知状态的认知）。二是自我调控机能，即怎样发挥心理机能（心理的调控）。三是自我教育能力培养。四是认知策略训练。

其中，关于自我教育能力培养和认知策略训练，是近些年逐渐发展和被重视的元认知教育训练。有些训练目标已经被纳入正规教育的课程目标中。

应该明确的是，不是所有的元认知都能在学习活动中充分发挥作用。元认知与认知机能和认知能力相联系。例如，儿童自主学习时，对于难题不会花费很长时间学习，对于自己学习过程中出现的问题，纠错或自我检验的能力水平较低，而成年人的自我认识能力和自我控制能力要远远高于儿童。因此，在日语语言的学习中，充分发挥元认知的作用，实施有效的自我监督、自我调控，会帮助我们达到预期目标，获得学习成就。

三、日语知识学习的心理过程

此部分主要讨论的内容包括：日语知识学习的心理结构；语言学习的神经反应机制；理解日语的心理过程。

知识是以经验或理论的形式存在于人脑中的，对客观现实认识的结果，反映客观事物的属性与关系。事物的种种联系、关系，特别是事物的本质规律，是不能单纯通过感觉和知觉直接认识到的，必须通过一种思维活动，即“理解”才能认识。按照认知学派的结构同化理论，新知识的获得主要依赖认知结构中原有的相应观念，通过新旧知识的相互作用，把新知识同化于既有的认知结构中，或改组扩大原有的认知结构，从而容纳新知识。这就是理解。可见，知识的掌握首先是要达到理解的程度。理解的水平有高有低，通常经过由肤浅部分地理解到深入全面地理解这一过程。对复杂事物的理解也需要通过分析、比较、综合、概括、抽象等思维活动才能掌握事物的本质规律。而任何理解都以固有知识与经验为基础。掌握基本概念、基本原理就能更好地理解新知识。概念学习是理解的根本。概念的学习是以记忆为基础的，在记忆过程中，人的注意、元认知都发挥着重要的作用。因此研究语言知识学习的心理过程，就需要明确理解概念学习的心理，了解语言学习中人的记忆、注意、元认知的特点。

（一）日语知识学习的心理结构

根据目前心理学界对第二言语的认知过程的研究得知，日语知识的习得从宏观角度可以划分为三个阶段：

1. 固有知识迁移阶段

固有知识迁移是指将在过去的学习和生活中获得的知识、技能等经验性知识迁移到日语学习中。但是，这种迁移不是完全的迁移，有可迁移性知识和不可迁移性知识之分。

支持成年人日语学习者初期学习的就是丰富的既有知识的迁移。这与儿童的学习不同。知识迁移的保证是新旧知识的相似性。一般来说，相似性越高就越能促进迁移，但是随着正迁移的出现也会发生负迁移。就是说知识迁移既能促进新的学习（如良好的母语语言学基本功对外语学习的促进作用等），也会对新知识的学习产生负面影响（如将母语中的发音迁移到日语发音中；将汉语的汉字完全迁移到日语的当用汉字学习，产生错误等）。

最高层次的迁移是类推。类推是指将新旧知识之间的要素对应起来，甚至是将各领域的要素结构对应起来，根据其类似性进行判断，从而获得目标领域的知识。例如，将中国的儒家思想与日本的忠孝观相对应，甚至可以从中理解日语敬语所表达的尊敬层次结构。类推虽然也有可能带来负迁移，但是对于知识的获得来说，其是一种高效优质的知识获得方式。

2. 熟练性知识及规则性知识的获得阶段

熟练性知识的获得是知识间反复链合的结果，就是说需要通过反复练习才能达到纯熟。

规则性知识的获得以一定规则为基础，如语音规则、语法规则等。规则性知识的获得通常需要很长时间的努力，而且，在最初的过程中常常发生负迁移，越学习越会了解到自己要学习的知识有很多，从而因为知识规则的庞大而导致不安，陷入难以适应的状态。学习者需要靠很强的学习动机才能摆脱这种不适应。

3. 第二言语状态下的知识稳定阶段

这个阶段就是我们所说的达到日语学习成就的阶段，学习者可以自如地运用日语进行交际。对关于日语语言知识方面记忆内容的提取，从有意识行为逐渐过渡到无意识行为的阶段。

目前我们对第二言语的认知过程还不够明确，主要关于三个方面。第一，语言是否应该有其固有的意义表象？按照言语相对假说，这种固有的意义表象是存在的。第二，翻译系统的介入方式。在学习的初期这种介入被完整地、有意识地利用，而第二言语熟练状态下这种介入多少就有无意识化倾向，这种倾向存在的原因是程序性知识在发挥作用，还是几乎就不存在翻译的介入？第三，与前两个问题相关，母语和日语含有的意义表象是否被完全基本要素化了。这些疑问是语言学与心理学尚未解决的问题，也是日语学习理论今后要研究和论证的问题。

（二）语言学习的神经反应机制

巴甫洛夫将客观世界一切直接作用于机体的刺激物称为第一信号，把由第一信号引起的皮层活动称为第一信号系统。我们可以通过语言中的词汇概念来理解其含义。

语言中的词也可以成为条件信号，作为特殊的刺激物，标志着某一事物成为这一事物的信号。巴甫洛夫把这种信号称为第二信号，即信号的信号。由第二信号唤起的皮层活动称为第二信号系统。词汇作为一个刺激物存在，也就是第一信号，词汇本身的音、形、义可以使人通过感觉和知觉表现出来，引起第一信号系统的兴奋。但是当人们不理解作为刺激物的词汇时，词汇只是第一信号系统的刺激物。为了使词汇成为第二信号系统的刺激物，则需要引起第二信号系统的兴奋。要达到这个目的，则需要借助于人们对这个词固有的感知经验。

首先在所反映的客体与经验之间建立某种联系，通过词汇“形成第一信号具体刺激物的概括，也即形成了反映相应客体的本质特征总和的概念。一般信号中的词变成了信号的信号，成了许多刺激物的代表。这种概括活动正好是第二信号系统的典型特征。因此，第二信号系统被认为是用概念和判断进行思维的生理基础。由于这种思维只能借助词来形成，思维也就只能借助语言来进行，并在词中表现出来”。

在作为外语的日语学习中，由于日语思维的神经机制一部分与本族语思维机制相同，而另一部分不同，因此相同的部分在第一信号系统水平上形成了相对于外在客体的暂时联系复合体，以及重新形成相对于外语词汇视、听、动觉复合体的暂时联系复合体；不同的部分需要在第二信号系统水平上形成暂时的神经联系复合体，即日语词汇所包含的与本族语不同的概念系统。

当通过翻译来掌握外语时，神经机制一方面复杂化了，另一方面会产生本质的改变，因此不可能形成作为外语词所表示的概念之生理基础的第二信号系统神经联系复合体，只能是第一信号刺激物，使外语失去了本身的特点。因此，掌握日语词汇的关键是建立第二信号系统。也就是在外语词汇概念与事物表象之间建立起直接的联系，排除母语的介入。这也就是日语思维，是日语学习的高级能力。

（三）理解日语的心理过程

1. 词义与概念

词汇是词义与词的感性基础（听觉、视觉、动觉、发音、书写）在人脑中的反映。词义就是词所表达的意思。它包含词汇的中心意义（又称基本意义、词根意义）和词汇的具体意义。词的中心意义决定于词与概念（概括地反映现实的）的直接联系；词的具体意义是指词与其所表达的客体或现象之间的关系。词汇的中心意义与具体意义之间是一般与个别的关系。

在外语学习中，常常会出现词汇学习困难，这主要是因为对词汇结构中的某些方面掌握不足。比较常见的就是释义时只掌握了词汇的某些具体意义，没有完全掌握词汇的中心意义。实际上，掌握中心意义尤为重要，因为如果这个词不与所表达的概念联系起来，就既不能理解这个词也不可能在言语中用这个词表达思想。概念是在感知和表象的基础上形成的，并用词汇来表达。表象中包含本质的和非本质的特征和属性，概念是本质特征的总和。每一个概念不仅有内涵还有外延（即范围）。在概念完全相同时，相应的两个词可以相互替换，在这种情况下，这些词汇是等值的。例如，日语词汇中的“日本”与汉语词汇中的“日本”就是等值的概念。而在概念不是完全相同的或是部分相同时，就不能简单地用一个词去代替另一个词。词汇本身有基本意义和转义，由此证明词汇所表示概念的内涵和外延的存在。因此，每一个词汇都具有相当复杂的结构，每个词义都能在语言中发挥重要的作用，并且各词义互相依存。

2. 句子的理解

在句子层级上进行处理的言语理解，受到句子的结构、功能、加工等因素的影响，这是因为理解是在所有这些方面相互作用的基础上进行解码的结果。这个解码过程也就是通过句法和语义处理发现句子底层结构，根据字符或声音吸取意义的过程。此外，还要从语言文化的角度去把握句子的内涵。

句子理解中的结构问题，主要是从句子的表层结构揭示底层结构的。

语言功能关于准确理解语言的研究表明，语言交际涉及直接言语行为和间接言语行为，受交际需要和交际意图的影响，间接言语行为因为具有代用功能、礼貌功能、掩饰功能、避讳功能、攻防功能和美感功能等，所以在语言交际中被广泛使用，通常以假托、暗示、双关语、反语、旁敲侧击地试探等方式进行。因语境的不同，可以表达如下的含义：偶尔遇见的两个人之间的寒暄；希望听话人为说话人买一杯水；想要打开窗户而征求对方的意见等。

间接言语交际要求领会者在阅读和听解时要脱离字面意义去推断说话人的意思，虽然看起来一句话可以表示很多的意义，但是，若听话人和说话人有共同的语言交际假设，即有常规性规则控制话语含义，则按照常规语境我们能够理解话语的隐性含义，掌握谈话的准则可以帮助我们准确理解话语含义。

句子加工是指对句子的底层结构做出复杂推断，而要做出推断必须以一定的言语信息为基础。

此外，对语言文化的认识也制约着我们对语句的理解。

3. 语言规则学习的认知处理过程

在应用固有知识体系内体系化了的、已经被记忆了的日语语法时，一般不会出现问题；而在应用结合母语的语法时，若没有实质性对应的项目就容易出现问题，而且对于这一类问题还会有能发觉与不能发觉之分。能发觉的问题可能会得到修正，通过再次体系化来更正学习；不能发觉的问题会在没有修正的前提下被反复学习。这种语法的学习过程最重要的是发现问题。能够发现问题，就能够进行有意识的学习活动，反之，不能发现问题，学习就是被动和消极的。

此外，若没有母语对应物的日语语法项目，则学习者不能将之与母语规则相结合，只好不受母语影响地学习第二言语。这也存在两种可能：其一是学习日语语法规则明确的知识，其二是学习规则性不强的语法知识。对于前者的学习是比较容易的，随着学习年限的增长，出现错误的可能性会逐渐降低。对于后者的学习，由于理解和掌握母语中没有的、规则不明确的知识必须与语言应用场合相结合，而由于长时间以来与固有知识相结合的学习定式的存在，要将陌生的、无规则的知识转换成与语言应用场合相结合的学习行为，则容易产生学习困难。

三、日语技能学习的心理本质

此部分主要讨论的内容包括：日语言语技能掌握的生理特点；日语技能掌握的层级；日语听解的心理过程；日语会话的心理过程。

日语技能包括听、说、读、写，简称外语“四技”。这些言语技能有着不同的生理、心理特点，但各种言语技能之间存在着密切的内部联系。读和听属于领会理解性言语技能，读借助于视觉器官、听借助于听觉器官接受信息。说与写属于表达性言语技能，说借助于口腔等发声器官，写借助于手臂的运动。翻译分为笔译和口译，笔译与读和写一样，借助视觉和手臂的运动；口译与听和说相同，属于听觉和口腔发声器官的运动。在每一种技能活动中，除了主要运动器官积极活动外，其他的器官也都处于兴奋状态，每一种言语活动都是多种器官共同运动的结果。人脑思维最终支持各项外语技能发挥作用。没有任何一种言语技能能够孤立存在，各技能之间互相依存、互相影响、互相补充，对一种技能的掌握有利于另一种技能的发展。

（一）日语言语技能掌握的生理特点

技能是顺利完成某种任务的行为活动，技能学习是知觉的一定刺激。日语技能学习，简单地说就是对听、说、读、写、译能力的培养，语言技能的培养实际上是一种言语运动过程中身体技能的学习。这种技能学习的途径之一就是反复操练形成熟练。

言语运动技能主要与人的言语听觉、言语视觉、言语动觉直接发生联系。

人的听觉器官能将频率为 16 ～ 20000 次 / 秒（赫兹）的音波（适度的听觉刺激）作为声音来接收。听觉的主观体验是音高、音强、音色等，虽然音调高低和音强的变化与语言材料本身没有关系，但是由音调变化构成的感情色彩丰富的语言，在语境中会影响言语含义。音色的作用是根据一定语言的音位体系划分音位，从而区别词义。为了区别语音的音色，需要在听觉器官分析器中形成根据该语言所具有的音位属性来感知语音的听觉，叫音位听觉。音位听觉就是言语听觉。音高、音强、音色反映在语言的言语中就构成言语的韵律因素——语调、重音和节奏。日语发音有长短音之分、清浊音之别，促音与拨音的发音也会随着后续假名的变化而变化，听觉过程中语调、重音还直接影响语句意义，因而需要专门训练才能形成言语听觉。

通常在有声言语中起主要作用的是言语听觉，但是言语活动中往往也会产生词和句子的表象，这说明即使在口语中也存在着言语视觉的作用。视觉是辨别外界物体明暗和颜色等特性的感觉。通常言语视觉与视觉器官的眼球的折光系统、视敏度等有直接关系。阅读的生理机能，会影响到阅读速度，但对阅读的效果不发生根本作用。以具备阅读生理机能为条件，对感知书面材料有重要意义的是眼的运动。眼的运动以注视、注视与注视之间的运动（包括回视）为主。注视是眼睛运动的暂停，注视时间占阅读时间的 92% ～ 94%，受阅读材料难易程度的影响，对一个语言单位的注视时间分布在 0.22 ～ 0.23 秒。注视与注视之间的眼动为 0.1 ～ 0.23 秒。注视在阅读中通过视野、视幅、认知幅度起作用。一次眼动可以扫视约 10 个字母或文字，成熟的阅读者在眼动中有 15% 的回视，以确认未看清或不是很理解的地方。阅读能力越低，回视率越高。在默读时，对阅读材料的理解往往不是以词为单位的，而是通过记忆上下文来领会一个思维单位的方式进行的。

言语动觉是由发音器官（包括声带、口腔等）中的肌肉、肌腱和韧带内各种动觉感受器和传入神经将信息传入大脑皮层第二、第三额回所产生的感觉。书写时手的动觉也可以看作言语动觉。但通常所说的言语动觉都指来自发音器官的动觉，如日语浊音、促音的发音需要摩擦和气流阻塞、爆破，这就需要舌、唇、声带等的协调运动。整个发音器官——肺部、声道、口腔或鼻腔都参与言语动觉运动。

需要明确一个问题，技能也是一种心智活动方式，是借助内部言语在头脑中进行的认知活动。运动技能与心智技能既有联系又有区别。感知、表象、思维和肌肉运动是组成技能的必要环节。外部运动是心智技能的体现，心智技能是外部技能的调节者。在完成比较复杂的行为活动中，心智技能与运动技能都是必要的。掌握知识需要理解，理解就是心智技能的一种。人们在掌握外语时，不能把外语学习单纯归结为运动技能熟练，要将运动技能与心智技能有机地结合起来。

（二）日语技能掌握的层级

按照言语技能掌握的程度水平，日语技能掌握可以划分为三个层级，即领会式掌握、复用式掌握和活用式掌握。

领会式掌握以认知为特征，表现在对言语的感知和理解上，当人们能听懂（听觉领会）或读懂（视觉领会）言语时，就表明已经达到了领会式掌握的程度。这是多数学习者能够达到的境界，但是许多学习者也只停留在这一层级。感知和理解日语的过程是一种解码过程，归根结底还是接受的过程。外在知识与经验都是通过听与读来获得的，以记忆为基础，通过记忆使视觉刺激和听觉刺激中的编码意义变成学习者头脑中的意义。但是这种意义还不能立刻被自如再现，因此，领会式掌握是以认知为特征的，还不能上升到说与写、译的言语运用程度。特别是中国的日语学习者，因为日语中有大量当用汉字，所以阅读技能的发展总是先于其他技能的。

复用式掌握主要是指在熟记规则和材料的基础上，再现并感知过去掌握的语言材料。依靠背熟的材料讲话是复用式掌握语言的普遍现象。复用式掌握已经表现为主动地说或写。但是在这个层级还不能灵活运用语言，不能自如地表达自己的思想。

活用式掌握是指能够熟练地听说读写，能够自如地、创造性地再现语言材料的技能层级。其是日语技能学习的高级层级。

在学习实践中我们会发现，领会式学习和复用式学习的目标并不利于我们有效运用语言进行交际，因为正常情况下的语言行为实际上包括了解、掌握语言，更重要的是对语言的使用。因此“领会式”“复用式”“活用式”是实际存在的三个掌握言语技能的不同层级或目的，活用式目标才是语言学习的最终目标。

按照运动技能掌握的过程，日语技能掌握可以划分为三个阶段，即认知阶段或知觉学习阶段、联系形成阶段、自动化阶段。我们以语音学习为例进行具体分析。

1. 认识阶段或知觉学习阶段

重点在于注意动作特点和做出的反应。任何运动技能的学习都要经历这个阶段，但是不同运动技能学习所需要的时间不等。对于学习日语语音来说也是这样。为了学会一个语音的发音，学习者至少应该事先知道所学习的语音结构是什么，初步了解关于这个语音结构中音位的一般知识，不要一无所知地单纯学习某个音位。

2. 联系形成阶段

重点在于使适当的刺激与反应形成联系，即加涅所说的“建立动作连锁”。能够认读或书写假名。在这个阶段应该排除过去语言学习经验中的习惯。在语音学习中表现为克服本族语的干扰，尽量模仿准确的发音。

3. 自动化阶段

重点在于形成以随意注意为特征的熟练。这个阶段看、听、读、写等一系列动作自动完成，无须特殊的注意和纠正，动作可不经意志努力而实现。语音学习中体现为学习者通过反复练习形成熟练的语音技能，即听时能辨别，写时不出错，读时不停顿。

运动技能掌握过程的三个阶段受诸多影响因素控制，这些影响因素有时不分阶段，按线性序列先后发生作用，有时在同一时间里出现。因此，在运动技能掌握过程中要注意策略的选择。通常认为有效模仿、反复操练、合理反馈和纠错是推进运动技能提高的有效方法。

模仿是运动技能学习中最重要的组成部分。对于学习者来说，要提高注意、感知、观察、短时记忆效率，以便于很好地模仿。

有效的练习包含最初的尝试和模仿活动，甚至还包含错误的尝试。任何新的比较复杂的运动技能的学习，都需要多次练习方能掌握。随着练习次数的增多，动作的精确性、速度和协调性等都会逐渐提高。在练习中，听觉训练的目的在于使学生能准确地进行模仿。视觉训练的目的是让学生对发音有一个形象的了解，也就是让学生观察正确的发音口型和书写方式。动觉训练的目的是使学生进行发音部位的肌肉训练以便能够正确地发音，还有书写时手臂的肌肉训练。这三种训练可以互相配合、互相促进。当听觉、视觉与动觉的运动达到有机结合，以自动化的形式表现时，则相应程度的语言技能也就形成了。

学习者可以通过了解自己学习行为的结果，改变自己的错误，提高技能，对自我运动技能学习实施有效的监控和评价。心理学不同学派对待学习中的出现错误的态度从来就是不同的。行为主义强调有错必改，认知论不主张对学习过程中学习者出现的错误多加纠正。双方各有道理，但是理论应该符合教学的具体实际。想要获得标准的、地道的语言表达能力，不可避免地要纠正错误，只是对于不同技能训练的目标要采用不同的纠错方式。例如，在会话中反复纠错会影响语言思维的形成，而会话中的朗读练习则是纠正语音错误的好时机。

根据不同的教学目标，语言能力教学的要求也各有侧重。通常认为，如果重视发音、听力方面技能的训练，则对运动技能方面的能力要求较高；如果强调认读方面能力的培养，则对感知、理解方面的能力要求较高；如果关注写作、翻译方面能力的培养，则对结构、构思等思维方面和语言表达方面的能力要求相对就高一些。

（三）日语听解的心理过程

听这种言语活动从生理机制来看主要是听觉分析器的活动。

听是通过听觉分析器接受表达一定意义的声音信息，然后传达到大脑皮层的有关部位，使语义和声音形象建立牢固的联系的过程，因此，只有他人或发音机器发出的声音清晰、洪亮，听者才能产生深刻的听觉形象。听觉形象的形成是听懂语言的基础。

现代心理语言学证明，听这种言语活动主要靠听觉器官，同时，发音器官和视觉器官也参与活动。人们将听觉接收的信息输送到大脑的左半球语言区进行语言信息处理。这种处理过程首先要求听者把接收的声音信息通过发音器官转化为内部语言或话语信息，即以内部语言形式复述接收的信息。因此，在听的时候，口腔和喉部等动觉器官以潜在的形式参与活动。此外，在具体的言语交际活动中，还要通过观察听话人的表情、动作、手势，借以帮助理解讲话的内容。

从心理学角度来看，听的过程是先对听到的词、句子、话语片段进行感知，形成声音表象，然后对词、句子、话语片段表达的意义进行理解，这也是积极、紧张的思维活动过程。通过对所听到的信息进行分析、概括、归纳和总结，最终达到确切的理解。由于上述思维过程的声音信息是在瞬间完成的，因此听的这种言语活动必须通过记忆来完成。

参与“听”的记忆有瞬时记忆、短时记忆、长时记忆。记忆的程序分为三个阶段：第一，声音信息从瞬间储存（声音感觉）到短时储存，进入短时储存后才能被人意识到。第二，信息在短时储存中经过各种编码后传到常识储存中。第三，声音信息通过再认而被人们理解（回收）。

通过上述分析，日语学习中听的心理过程可以分为四个步骤：

准备阶段：听者要清楚为什么听，听的目的是什么，应该从中了解什么。

预测与检定：听者根据内容中包含的信息进行预测，并检定自己对这些信息的认识程度。

取舍：听者根据听的目的，决定对所听内容的取舍。

确认：确认自己的理解是否正确。

这四个步骤是听者自然的心理过程，但是通常存在于潜意识中，要想提高听解能力，需要在日常听的练习中有意识地加以训练。

（四）日语会话的心理过程

人的大脑有两个半球，左右脑各有分工，左脑承担语言和逻辑功能，右脑承担情感功能。科学证明，左脑是“语言半球”，是语言信息的转换台。把头脑中语言信息转化为具有一定的思想内容的声音符号并储存在大脑中，就具备了说话的能力。因此人们在说话时是内部语言转化为外部语言的过程。而且，说话还需要口腔、咽喉等部位的肌肉通过不同组合进行运动，才能发出有声语言，达到“说”的地步。

独白是单项交际形式的“说”，是凭借有声语言传递信息的过程。这一过程可以分为构思和表达两个阶段。构思是指考虑要说的话语的思想内容，即构思“说什么”，也称为话语计划。表达是指寻找恰当的言语手段来表达思想内容，即“怎样说”，也称作话语输出。有些话语表达不是在构思的前提下进行的，表现为话语表达迟疑、停顿、出现口误等。话语表达包括两个要素，即言语手段和非言语手段。其中以言语表达为主，非言语表达（如表情、手势、动作等）是言语表达的辅助手段。

在构思阶段，说话人通常会考虑以下几个方面：

听话人的知识：决定表达内容，按照对方可以理解的程度组织材料。

合作原则：通过注意话语的逻辑性、信息量、话题选择、词语意义，实现有效的交流。

社会语境：尊重对方民族习俗，注意人际关系、地位、场合等社会语境。

语言手段：在固有知识中选择自我熟悉的词语与表达方式。

表达阶段实际也是话语计划的传输。当人们流利地说出想要表达的话语时，就是理想的传输。为了使听者正确理解输出的话语，说话者追求理想的传输。在理想的传输中最常见的破坏就是迟疑、停顿。语言速度几乎完全取决于停顿的多少。语言学家通过分析常见的语言错误，将停顿的种类归纳为无声停顿、填补停顿、重复、出错、改正、插入感叹词、口吃、口误。当然，言语输出中也不能没有停顿。通常认为，言语中存在三个停顿点，即语法接合部、其他成分边界、成分中第一个实词之前。此外，插入感叹词或改正时的停顿属于说话者对话语内容的解释或评说，并非直接信息本身的一部分，所以没有被纳入停顿点中。

对于表达过程的研究，语言学家首先从人的发音程序上进行说明。加勒特提出发音程序形成的五步骤：

意义选择：决定思考中各构成成分的意义。

句法轮廓的选择：建立构成成分的句法轮廓。

实词选择：选择名词、动词、形容词和副词以适应相应的词位。

构成词缀及功能词：搞清功能词（助词、助动词、接头词、接尾词等）和词尾变化形态。

语音切分的说明：一个音节一个音节地建立起充分说明表达内容的语音切分。

进入第五步，发音程序已经完成，但是人们在实际执行中始终对讲出的话语进行监控，一发现错误就会停下来改正，然后继续讲下去。当然也有一些口误因为不引起误解而被忽略。

此外，在发音程序中，词汇的作用被赋予了重要意义。但是不是所有的固有词汇都能顺利进入发音程序。例如，常见的“话到嘴边”就是例子，这在外语会话中格外明显。每一个发音程序都难免会出现错误，口误情况经常会发生。

四、跨文化学习与翻译的心理本质

（一）跨文化学习的心理本质

作为文化载体的语言与文化学有着密切的关系。人们对文化的多样性，自我文化和社会化认识的差异，文化与情感知觉、情感表现、情感评价的关系的研究，已经极大地丰富了文化研究的内涵，也为语言学习与文化学习的关系研究提供了必要条件。关于跨文化交际摩擦、交际背景要素对跨文化交际影响的研究，在国际交流日益频繁的今天也越来越受到关注。无论是政治、经济还是文化艺术的交流，单纯的语言知识学习已经不能满足交际需要，这一认识已经获得广泛认同。跨文化交际问题已经成为外语学习与教学研究的新领域和主流方向。

1. 跨文化接触的心理过程

对于中国的学习者来说，没有生活在异文化国度，对异文化的接触主要是通过读书、看影视剧等方式实现。随着语言学习的深入，跨文化理解和认识的需求会更大。如何了解、理解异文化，对日语学习有重要意义，为此，需要研究跨文化学习的一般心理过程。

（1）接触前的心理

通常对异文化的接触是在不知不觉中开始的。即便还没有开始日语学习，在固有知识结构中也会有异文化要素的储存，如富士山、和服、机器猫之类象征性的文化概念。但是，需要明确的是，在学习语言之前对日本文化的接触是从旁观者的角度无意识地接近的。开始语言学习之后，通常会对日语语言所依存的文化有一种想要了解的兴趣和需求，因为学习生活已经与日本发生联系，从感情上有一种深入了解的渴望，只是受学习动机的影响，这种渴望的表现程度不同。因此，这一阶段的心理为渴望了解异文化和对异文化有亲近感。

（2）开始接触的心理

刚接触日本文化，对一切都充满好奇，特别是当有了与以往的经验不同的体验，如感受了日本的风土人情、生活方式、流行音乐等，都给自己留下深刻印象。由好奇心到神往，就是这一阶段的心理。

（3）跨文化挫折

当对日本文化有了一定的了解后，开始产生一些疑问，如为什么对这样的事日本人会这样想、这样做，按照自我固有的本民族文化视点来看，这种差异是可笑的或者是不可接受的。

要了解异文化，这个阶段已经不仅仅是作为旁观者对这样的事情感到有趣，哈哈一笑就过去，学习者想要知道为什么会这样。可是，当固有的观念不能接受这样的行为时，就形成了文化冲突，即在理解异文化时遇到了挫折。

（4）习惯适应

通过进一步的学习，学习者对特定历史时期的日本社会有了了解，对于一些一般性的日本人的心理有所了解，对日本社会、文化、生活方式也形成了某种程度的认识，并且不再新奇、兴奋，通常在一些问题上能够预测某种时候大多数日本人的行为方式或对某一类事物的反应，对异文化的态度开始进入第二个冷淡时期。

（5）对本民族文化的质疑

当适应并且了解了异文化以后，通过自我判断分析，不自觉地会将本族文化与异文化进行对比，通常这种对比可以采取三种态度：

第一，全盘吸收异文化，排斥本民族文化。

第二，吸收异文化，不排斥本民族文化。

第三，排除异文化，保持本民族文化。

大多数的学习者可能会采取第二种态度，即比较折中的态度。但是，不排斥本民族文化不等于看不到本民族文化的弱点，吸取文化精华是学习的本质。例如，看到随地吐痰的国人，我们也不会一味地弘扬。所以，在吸收异文化的同时，不可避免地会将两个民族的文化进行对比，会对本民族文化中的问题看得更清楚，从而产生疑问。如果这种疑问达到一定程度，就会形成第一种态度。如果采取第三种态度，则很难达成跨文化理解。对于学习者来说，应该通过这种疑问发现两种民族文化各自的优缺点，从而规范自我交际行为，而不是仅仅以批判某一种文化为目的。

（6）统合阶段

统合阶段是经历过接触前的兴奋、接触时的困惑、接触过程中的冷漠和不自觉对比后，在内心世界对于日本文化采取了能够让自己接受的某种态度和观点，得出了关于本民族文化和异文化的自己的结论，在对待异文化的态度上也形成了一种判断。

通过上述分析可以得知，在跨文化的接触过程中，人的心理过程也是经历几个起伏后才形成稳定认识的。

2. 跨文化理解的心理过程

研究表明，人在不同的心理发展阶段对于跨文化的理解程度也不同。通常在心理发展时期（4 岁至 15 岁）形成动机情感体系，此时期属于文化意义的感受期，比较容易接受异文化的影响，过了这个时期，人在情意机能方面会出现交际困难，这是在人的心理机能和心理发展方面，伴随跨文化交际而产生的问题。由此可以看出，成人的外语学习中关于文化知识的学习，最关键的还是对跨文化的理解。

跨文化理解的心理过程包括对具有异文化特征的言语或非言语行为的接触、表层理解和意义理解三个阶段。

接触言语或非言语行为是跨文化理解的基础，属于感性认识阶段，学习者在这一阶段还不了解言语与非言语行为的意义或内涵。表层理解是将言语或非言语行为的意义与本族语言或价值观相结合，这实际上是一种肤浅的文化翻译，学习者对其的认识和理解还是局部的、不完整的。意义理解阶段是深刻认识通过言语或非言语行为所表现的文化内涵。这种深刻程度可以与异民族的价值观、道德观、态度、信念、社会行为规范相结合。这种理解的心理过程包括两个层次，一是全盘接受型理解，二是辩证接受型理解。前者属于机械性理解，机械性理解虽然也是高层次的理解，但是属于被动接受条件下的理解。后者为真正的意义性理解，这种理解与本民族文化相结合，与个人的价值观等相结合，是客观地、批判地理解，是跨文化理解的高级境界。

在语言学习过程中，跨文化的接触阶段和表层理解阶段往往难以区分，许多学习者对跨文化的学习也仅停留在这一阶段。在跨文化学习中我们期待意义理解，但是要避免全盘接受，要能动地理解异文化的本质。

3. 跨文化交际的心理过程

交际的形态分为言语交际和非言语交际两种。语言交际形态主要伴随着言语来实现，被划分为音素、形态素、语汇、统语论和语法、音韵论、意义论和语用论等独特的构成要素来研究，这些要素也构成语言的本质。语言是世界的象征，通过语言人们能够交换意见、看法和感情。非语言交际形态是指面部表情、凝视、声调等言语符号和交际空间、姿势、姿态、沉默等非言语行为。在言语符号和非言语行为的交际过程中，文化自始至终都发挥着重要的作用。

语言交际过程中的文化心理对交际所使用的语言产生影响。文化是与构成人类的心理基本结构要素的知（表象机能、构成机能）、情（唤起机能）、意（指示机能）紧密相关的。因此，为了让人们相互间无障碍地进行交流，这些机能必须具有共同的基盘。针对文化—语义体系在我们的日常生活中发挥的作用，丹得雷德归纳出四点。

表象机能：为认识事物或处理事物提供行动准则。

构成机能：创造出如纸币等有文化内涵的具体事物。

指示机能：引发成员发出某种行动的动机。

唤起机能：唤起对事项或行动的一定感情。

面对文化背景不同的人之间的交流，因为各自都拥有不同语义体系里的机能，因此会频繁出现问题。我们在中国学习日语时可能体会不到，但是如果在日本学习日语或生活的话，从表象机能到构成机能会努力适应日本社会，但是指示机能和唤起机能可能会保持在中国时的老样子，由此产生与日本社会不相融合的问题，引起周围人的反感，出现人际纠纷。例如，按照中国的交际规范，人们认为频频劝酒是热情好客，北方人甚至认为不喝干对方劝的酒会被看作看不起对方，而日本人认为，把自己的意识强加于人是不礼貌的表现，令人讨厌。因此，知的机能比较容易变换，而与情、意相关的心理机能则比较难以改变。

有研究表明，持有不同文化的社会成员之间要想圆满交际，需要具备两个条件。一是要对与自己归属于不同文化的他人有共同的因果归属，即推断特定的行动原因。二是要具备改变自己的行为以适应所处场合情形的能力。

跨文化的交际也存在着一定的心理过程。贝内特关于跨文化感受性的研究，将跨文化交际心理分为否定、防卫、最小化、容忍、适应、统合六个阶段。

否定是以本民族主义为中心的初级阶段。这一阶段学习者对于异文化人为地设置一种物理的、心理的距离。

防卫是本民族主义的第二个阶段。这一阶段认可异文化的存在，但是因为担心这种异文化的存在会伤害或威胁自我，因而对跨文化交际采取防卫的态度。这一阶段的交际心理体现为贬低跨文化，对异文化采取轻视态度。多数人这时对本民族文化采取优化评价的态度，但也有人具有贬低本民族文化，高度评价其他民族文化的倾向。

最小化是本民族主义的第三个阶段。这一阶段学习者认可文化差异的存在，但是对跨文化交际对自我学习生活的重要性采取最小化态度。因此，对于已经出现的文化摩擦等跨文化交际问题，也报以“这是普遍情况”的态度，而不是通过认识这种差异来努力探究解决问题的方法。

容忍是民族相对主义发展的第一阶段。不仅承认异文化的差异，还尊重这种差异。这种尊重分为两个阶段，一是文化性差异的多样性行为征兆，二是拥有异文化民族的文化价值观。

适应是民族相对主义发展的第二阶段。顺应每一个人所认同的文化差异，与异文化者交际，为达到交流思想而开始学习新的技能。这种技能之一就是共鸣感，即不仅认识和理解异文化，自己也产生同样的感情。第二种技能与多元主义概念相关，通过理解他人的价值观、想法、态度而导入多种哲学理念，并且为了包容多元性、相异性，在自我内心深处创造出多种文化表象，这种多元性与二文化并存和多文化主义密切相关。

统合是民族相对主义的最终阶段。与作为哲学意义上理解的多元统合、一般化背景下的文化差异评价能力相关，不是从单一文化观点出发，而是从非单一的、以状况背景为基准的观点出发来评价文化差异，这种水平的统合可能会与“发展的边缘化”相结合。“发展的边缘化”是指每一个人顺应社会背景，在异文化的多个界限内自由出入，恰当生存。

这个跨文化交际的心理模型不仅划分了本民族主义和民族相对主义的发

展阶段，还识别了在不同交际心理阶段特定的技能、认识、情感的发展顺序，指示了跨文化能力和跨文化感受性的成长方向，清楚地证实了模型中存在着必须沿着内在发展的连续体移动的技能及其归属性。由贝特尔关于跨文化交际感受性发展而来的这个心理模型，也成为本领域重要的研究成果。

（二）翻译的心理本质

日语学习过程中所涉及的翻译活动包括日译汉、汉译日两种。无论是哪一种翻译活动，都涉及语言知识、言语技能和跨文化交际能力的综合运用。

翻译有三种含义：一是指翻译的认知活动，二是指翻译的最终产品，三是指翻译的社会文化功能。贝尔认为，“翻译过程论”要求对信息处理进行研究，包括知觉、记忆、信息编码和解码，其研究途径为心理学和心理语言学；“翻译译品论”强调对译本进行研究，其途径为语言学，包括句法学、语义学、文体学、语篇学和话语分析；“翻译综合论”既要求对翻译结果进行研究，又要求对翻译过程进行研究。

无论是口译还是笔译，翻译活动都包括两个过程，即翻译理解和翻译表达。但是在这个过程中，还有一些生理心理机制、固有知识在发挥作用。因此，在翻译的心理机制模型中，我们主张结合翻译的不同分类以及翻译过程的神经反应机制，把翻译理解、翻译记忆、翻译中介、翻译表达纳入翻译的心理过程。

1. 翻译理解阶段的心理过程

翻译理解就是建构心理模型和赋予意义的过程，是话语或语篇内容与译者既有知识发生互动的过程。不同译者具有不同的既有知识，语篇内容与既有知识可以产生不同的互动，这是翻译理解的差异和翻译错误产生的根源。语篇理解是一个构建整合的过程，其主要任务是把语言输入和译者知识库的内容建构成文本库；整合过程的主要任务是把所构建的文本整合成一个连贯的整体，并形成一个新的情景模型。具体来讲，翻译理解的心理过程如下：

语言感知。这是翻译理解的首要环节，其过程意味着语音信息获得识别、加工和重构。

词汇识别。在词汇的感知、识别阶段，译者从心理词汇中的若干个音位、符号组合序列中辨识、确定出一个个词，从而经历神经信息的聚合性加工过程。

句法分析。在源语理解过程中，译者试图通过句法分析和语法规则系统的支持，建立词际线性语法关系，直至获得具有句子格式的词序列。

意义分析。在源语意义的分析、理解阶段，译者通过神经信息的整合性加工，实现传入大脑的外部信息的多维综合或构拟出共现、完整的语义表征。

语用推导。当完成说话人的“意义分析”后仍然难以明白说话人的真正意图或“言外之意”时，“语用推导”即将开始。这意味着译者的翻译过程除了语言网络系统的参与以外，还需要多重信息网络中的知识网络系统（尤其是其中的已存知识和经验等）的支持，并要求译者结合语境，将推导时的联想控制在一定范围内并抑制次要联想和无关联想。

2. 翻译的记忆

翻译的记忆系统由长时记忆和工作记忆两部分组成。保存于大脑长时记忆中的内容是所有相互联系的“静态”内存信息，以多重信息网络（如感觉网络系统、语言网络系统、知识网络系统等）系统为表征；而保存于工作记忆中的内容则是承担信息加工、过程监控和计划执行的“动态”网络系统。它由两个分属机制组成：一是信息的选择、加工、存取、重构等的神经心理“操作”机制；二是信息的传输、计划、执行等的神经心理“监导”机制。记忆系统构成了翻译神经心理模型的核心。在这个记忆系统中，主要有如下要素在发挥作用：

译员的知识。长时记忆中的多重信息网络结构系统提供了言语信息加工所必需的检索（或存取）通道和信息资源，而信息加工处理的具体过程则有待于记忆系统中的工作记忆来实施和完成。

内部言语的生成和输出，发生在工作记忆这个信息加工场中。它通过选择、存取、重构和计划、监控等手段完成对外部信息的心理加工，其运行过程（尤其是检索、存取和重构等的认知心理过程）始终依赖长时记忆中的多重信息网络系统，并与它形成互动、互补的纽带关系。

译员信息网络系统的信息丰富程度制约其工作记忆的加工效率，而其工作记忆的加工、处理能力又影响其对网络信息的检索、提取、重构和使用的效率。

3. 翻译的中介

翻译的中介是指言语理解和言语生成的“中介系统”，其主要环节是概念表征。概念表征的中介意义在于：第一，它既标志着译者对源语输入信息进行语音或语言符号感知的结束，又意味着译者基于概念表征的翻译语言生成的开始。第二，它具有相对的独立性和抽象性，作为言语理解结果的概念表征，是由不同层级的语篇信息组成的。

基于言语理解的概念表征代表了译者所理解的全部思想，反映了译者从具体的言语信息或语言表层中抽象出概念的“个别至一般”“具体至抽象”

的语篇解码过程。概念表征既是译者言语理解的终点，又是译者言语生成的起点。

4. 翻译表达阶段的心理过程

翻译表达是把源语中获取的概念和意图用译语编码的过程。从本质上说，言语表达是言语生成的过程。人们通过语篇层次表达自己的概念和意图，这些语篇层次包括语篇意图翻译、语篇情景翻译、语篇语义翻译、语篇语用翻译、翻译表层编码。这些层次需要通过言语生成来实现。言语生成的主要环节有语义初迹、句法合成、词汇合成、内部言语、语音或语言符号生成。

语义初迹是言语生成的第一个环节。其包含主题和述题、潜在语义及一些潜在的语义关系三个要素。构成未来生成言语的基本语义体系（或意义格式）和最初的表述意图，具有压缩的言语表述的性质，但它还不具备语言的语法结构和具体词汇单位。日常言语交际中的语义初迹通常是以外界输入的有关刺激的神经冲动为基础的，而翻译中的语义初迹是一种以源于言语理解的概念表征为基础的多维语义图示。译者语义初迹的形成既以概念表征为基础，又需借助长时记忆中的多重信息网络系统，尤其是语言网络系统中的语义分支网络。

句法合成。译者基于语义初迹的句法合成，将更多地借助其长时记忆中的多重信息网络系统，尤其是语言网络系统中的句法分支网络。

词汇合成。译者在词汇合成阶段，经历了从长时记忆的词汇分支网络或心理词库检索到确定词项的加工过程，这一过程是神经信息的聚合性加工过程。

内部言语是句法的序列加工和词汇的聚合加工的必然结果，是译者内在的心理语言。该语言在功能上是述谓性的，在形式上是简化的、凝缩的并为社会所公认。译者至此已基本完成深层（概念）至表层（言语）的神经信息的转换过程。

语音或语言符号生成。此时译者的信息加工任务是把内部言语转化成扩展的、现实的语句，从而完成现阶段的传译任务，并为下一轮的言语理解阶段做好准备。此时的译者开始进入语言网络系统的语音或符号分支网络，旨在实施内部言语的语音或符号合成，以期形成完整、现实的译语言语。译者长时记忆中的程序性知识和工作记忆的检索、重组水平对译员的翻译效果有较大的影响。

第三章　日语教学策略

第一节　日语教学课堂构建

社会需要大量综合能力强的应用型日语人才，针对这一特点，高校需要适应市场要求进行教学改革。首先应从完善第一课堂的实践教学着手，改变过去传统的授课模式，积极调动学生自主学习的积极性。第一课堂实践教学就是探索如何使学生从“要我学”转变成“我要学”。

高校应了解市场对应用型人才的需求，并制定培养应用型人才的目标和方案，使培养出来的学生不但具有本专业的理论知识、专业技能，还具有实践操作能力。就业乃民生之本，从第一课堂着手开展实践教学是培养应用型人才的重要环节，是实现人才知识、能力、素质协调发展的重要途径和手段，是提高就业率不可忽视的教育手段之一。

一、完善实践教学，搞活第一课堂的必要性

近年来我国日语翻译人才紧缺，日语相对其他外语来说在就业上持有得天独厚的优势，因此我国高校日语专业教育也随之发展起来。随着经济增长方式的转变，社会对日语人才需求的应用型特征愈加明显和突出。从我们的市场调查结果来看，用人单位录用毕业生时更看重的是其素质和综合能力，以往传统的教育模式教育出的学生根本就适应不了市场要求，也不是企业所能接受的人才。社会需求人才标准高和毕业生适应市场能力不足成为大学生就业的瓶颈。毕业生能否顺利就业，就业后能否适应劳动市场的需求与变化，已成为学校办学成功与否的一个重要标志。针对各层次的特点培养应用型日语人才，进行实践教学是学生掌握相关技能和提高职业素养的关键，这就要求各大院校要将三个课堂有效联动起来，其中第一课堂起着至关重要的作用。学生在校期间，教师应利用大量时间通过第一课堂来传授知识，以提高学生的综合素质，这就要求教师端正思想，不断研究教学，不断提高自身水准来逐步完善实践教学，搞活第一课堂。将实践教学融入第一课堂，推出特色教

育模式成为高校教学改革的重要内容之一。

二、教师需创新思路，以健康心态做到因材施教

现在各大院校都在进行改革，开展了第一课堂实践教学，在实施过程中发现了存在的深刻性问题，越发值得各校重视。其中典型的是高校教师社会实践能力不足的问题，仅凭书本上的理论知识“照本宣科”，而当今的学生大多数知识面广，求知欲强，如果仅仅是照本宣科，就不能调动学生自主学习的兴趣，教师再“敬业”也毫无意义。

教学质量是高校的生命线，培养社会需要的具有较高综合素质的应用型日语人才是高校的永恒主题。因此要求教师必须端正态度，积极主动地认清自身的不足，转变思想，调整心态，以崭新的面貌去迎接新的挑战。首先，教师必须认清自身在实践教学中的不足，尽快弥补自己在商贸日语、计算机日语、旅游日语、金融日语等诸方面的不足。其次，教师要以社会需求为中心，着力解决社会实践能力不足的问题，努力创造机会到企业中现场观摩或实际操作，积极了解社会需求，不断提高自身水平并深入探索、研究提高学生实际操作能力的方法。最后，第一课堂的实践教学，应该以学生为中心，一切教学活动都要围绕学生展开，充分发挥学生的主观能动性，鼓励其积极主动地参与形式多样的实践活动，提高其日语应用技能和交际能力。这就要求我们摒弃传统的以教师为中心的教学模式，从传统的依靠死背单词、题海战术来增加词汇量的方式中走出来，通过身边的实物、实例使学生在理解中记忆，将知识学习融入第一课堂实践教学中，通过兴趣来激发学生学习的积极性，并从学生的实际情况、个体差异出发，有针对性地进行有差别的教学，使每个学生都能扬长避短，获得最佳发展，做到“因材施教”。

教师要调整好自己的心态，适应时代发展的需求，把培养应用型人才作为目标。教师要不断学习，不断进步，敢于剖析自己，敢于创新，以乐观向上的心态去面对实践教学，保障各环节的实施及成效，改进实践教学方法，为学生树立典范。

三、采取多元化、实用型实践教学模式

要摒弃第一课堂多年来一直采用的以理论教学为主，以实践教学为辅的教学模式，灵活运用多元化实践教学模式，加强对学生的正确引导，注重对学生实践活动的兴趣的培养，从而使日语的听、说、写、读、译等技能与生活、工作中的实际有机结合。下面笔者针对几种教学模式做一简要分析，希望可以起到抛砖引玉的作用。

（一）讨论式教学模式

讨论式教学模式一改过去教师一讲到底，学生训练到底的模式，而是由教师提示要领，交代重点思考的问题，甚至可以将下堂课的教学目的公布下去，让学生围绕同一问题从不同侧面进行准备，通过讨论发现问题并找到解决方案，从而达到自主学习的目的。学生在讨论式教学中思维活跃，有更多的机会去发现问题，研究问题，学习过程则是学生先想、教师后导，学生先提出问题、师生共同寻求答案的过程。对于内向、不爱发言或不敢发言的学生不放弃，充分鼓励并给予其信心，使所有学生共同进步，使课堂真正成为学生学习的舞台，让学生真正成为课堂学习的主人。讨论式教学模式让学生学会正确分析、思考问题，能够积极面对现实生活和未来社会。

（二）情境式教学模式

在日语课堂上活用幻灯片等多媒体器材，播放相关视频和音频，使学生经过长时间的锻炼和熏陶，从被动地接受知识变为主动地掌握知识。

（三）小组式教学模式

小组式教学模式是在日语实践课堂上倡导的一种学习方式，一个班分成几个组，通过分配任务，每个学生各尽其职，都是主角，并通过比赛的形式让学生在潜移默化之中形成强烈的合作意识。小组式教学模式利于培养学生获取信息的能力，增强动手操作能力，更重要的是利于培养学生的团队精神，学生在小组中相互合作，增进了友谊，也提高了人际交往的能力。

第二节　日语教学与就业环境共建

自2007年美国次级抵押贷款引发全球性的金融危机以来，世界各地的经济出现了一定的衰退现象，各用人单位对人才的需求有所减少。而我国高校随着从精英化教育向大众化教育的转变，大学生就业难问题也日渐凸显，并成为不争的事实。在这样的形势下，大学生的就业工作就成为高校重点关注的问题。大学生就业难的问题对于世界各国来说都是一个深刻的社会问题。针对大学生的就业难问题，各国的各大高校都相应地采取众多优化就业环境的措施，以缓解大学生就业难的问题。这些国际经验对于提升我国日语教学水平以及破解我国日语专业毕业生的就业难题有着积极的借鉴意义。

一、健全日语专业毕业生就业管理体制

日本的就业指导全程化体系在很大程度上解决了大学生的就业问题，学

生从进入大学开始就接受职业教育，灌输与就业相关的知识，关注就业市场，了解社会的需要，并在学业生涯过程中树立就业观，通过全程化的就业指导，让学生客观地评价自我，从实际出发进行职业选择，避免盲目地一味追求高薪职业的现象。日本高校的就业机构承担着与就业相关的一系列工作，设有就业科、就业部或就业委员会，贯穿于高校教育的始终。根据不同年级的不同特点制订不同内容的指导方案，执行不同的就业指导，这已成为高等教育的一门重要课程。日本各高校注重对学生采取个别辅导，通过对学生个体倾向性就业目标的测试逐一分析每一个毕业生的个性并进行具体指导，扬长避短，使毕业生在择业与就业时更有针对性和目的性。此外，日本政府也非常重视大学生的就业问题，为促进大学生就业，实施大学生就业体验制度。体验式就业制度是作为教育的环节之一，在学生在校学习期间由企业等提供的并在其指导下进行的就业体验制度。该制度明确了在产学合作的基础上把对学生的就业意识培养作为高校教育的一部分，为体验式就业提供了重要依据。其重要意义表现在体现并实践了职业生涯教育的核心理念，促进了校企合作及高校教育与企业的融合，改革和完善了高校教育，不仅消除了学生就业的后顾之忧，同时也为企业和社会储备了人力资源。

二、大力推行大学生就业援助

各个国家、政府以及各大院校都为大学毕业生的就业积极提供相对应、有效的指导咨询及各项服务。在大学毕业生的就业过程中，企业和工作岗位信息扮演着极其重要的角色，与大学生就业的难易程度直接挂钩。事实证明，企业及其工作岗位的信息越是透明，大学毕业生的就业率就越高。日本政府针对大学生的就业采取了众多措施，其中公共就业保障室就是根据大学生的特定需求建立的，其旨在提供实用性的岗位信息、就业咨询及其与之配套的服务。在日本社会，就业咨尚市场逐渐趋于成熟和完善，与就业相关的咨询服务机关也比比皆是，这就为各类求职人员的就业提供了方便，同时奠定了职业介绍所在各大职场中的地位和重要性。我国要不断提升日语教育教学水平，同时加大对学生的就业援助，创建一个良好的就业环境。

第三节　日语教学与就业衔接

我国与日本，无论是在文化交流上，还是在经济交往中联系都日趋密切，我国成为日系企业投资的热点地区。现在仅大连地区的日资企业，不包括与企业配套的事业单位就高达 2000 家，其中号称世界 500 强的日系企业就有 10 余家。大量的日资企业入驻我国，为日语专业学生的就业提供了得天独厚的优势。从近几年我国高校日语专业应届生的就业状况可看出，在就业数据上高校实现了100%就业率，然而，从工作性质来看，从事与本专业相关工作的就业对口率仅为50%。从工作岗位情况来看，有个别从事文员、教师等工作的，但大多数从事的是日语业务流程外包相关的日语低端化工作。

一、就业领域与岗位分析

在对用人单位的调查研究中发现，大多数用人单位认为学生的心理素质、独立工作能力偏低。从就业现状、岗位可以看出，除就业对口率有待提高以外，毕业生就业岗位低端化问题也值得深思，现笔者对就业领域及岗位做一下简单的分析。

日语专业毕业生的就业领域很广，既可以进入生产性企业、软件外包公司、各种院校、劳务输出公司，还可以进入贸易公司或其他企事业单位。只要是和日语相关的领域都可以成为日语专业毕业生的就业领域。

针对就业领域，日语专业毕业生可从事的工作岗位也呈现多样化。根据各个就业领域的特点而从事不同的岗位，如翻译、总务、人事、采购、业务、教师、操作员及外包信息处理员等岗位。也就是说日语专业毕业生可从事外贸、旅游、外事等的日语口译工作和笔译工作，以及管理、文秘、经济贸易、公共日语教学等工作。

二、企业问卷调查

针对日语教学中的诸多问题，通过企业问卷调查，明确企业对所需日语人才的要求，进而阐明日语专业学生的日语要达到一定水平，专业技能必须过关。对日语专业的教学进行改革具有参考价值。

在招聘现场，经常可以听到企业方感叹说，“学”日语的不少，“真正会”日语的不多。那什么是“真正会”日语的人才呢？企业需要什么样的日语人才，如何培养让企业接纳的人才呢？带着这些问题，笔者以大连所在企业为对象，针对日语专业所对应的行业、岗位等进行了企业对日语专业人才需求情况的调研活动。通过调研了解到，企业所需要的是综合性应用型日语人才，主要表现在四个方面：①日语好；②专业技能过关；③有工作经验；④综合素质好。从表面上看，企业要求的标准很高、很苛刻。这些对一个刚毕业的大学生来说是很难达到的，但从另一方面讲，这些也都是相对的。每个企业在招聘时都想要理想的人才，这是无可厚非的。但与此同时，企业需要不同层次的人，所以落实到具体每一项时，就要看自身的基础知识扎不扎实、团体意识强不强，这就给我们提出了一个严峻的课题。各大院校无论是培养方案、课程建设，还是实践教学基地建设等方面，逐渐从不完善步入完善的阶段。但是现阶段我们培养的学生和市场、企业所需的人才还有很大差距，为此下面笔者将从以下四个方面阐明日语专业教学改革的一些设想。

（一）提高日语水平

调研中明确表明绝大多数的企业在招聘日语人才时，要求应聘者的日语水平要相当于国际能力测试 1 级的水平，最低也要达到相当于新日本语能力测试 2 级以上的水平。这就给我们的教学提出了明确的要求，即重视基础日语教育，不断提高教学质量，改进教学手段。教学质量是高校的生命线，传统的教育模式已无法适应市场和企业的需要。培养应用型日语人才，把实践教学带入第一课堂，针对日语的专业特点推出特色教育模式，充分发挥学生主观能动性，鼓励其积极参与形式多样的实践活动，提高日语实践应用能力是教师必须认真研究的课题。教师应积极研究兴趣教学法，尽快将兴趣教学法融入第一课堂实践教学中去，通过兴趣来激发学生的学习积极性，提高学生的日语水平。第一课堂搞不好，质量不过关，谈第二课堂、第三课堂都是毫无意义的，第一课堂是打好日语基础的关键。

（二）专业技能过关

企业各岗位对日语人才的专业能力及所掌握的技能需求涉及面很广，调研中可以看出企业在招聘日语专业人才的时候，绝不仅仅满足于应聘者的日语水平，而是希望应聘者具备具体岗位所需的专业技能。

现在大多数院校开设了“日文办公软件操作”课程，该课程是就业上岗的必备技能课，具有很强的商务实用性，很好地适应了当今就业市场的需求。教师用少量的时间进行重点讲解，大多数的时间留给学生进行实践操作，针对出现的问题及时解答，随时归纳总结，充分体现了实践课的实际操作这一特点；在实践内容的安排上应不拘泥于教科书，随时把兄弟院校的好经验尽可能在第一时间引入课堂，并主动与企业接触，谦虚请教，积极把最新的企业信息作为授课参考，结合学生具体情况不断调整教学内容与进度，让学生在课堂上就能得到和在企业同样的培训，为学生真正进入企业打下良好的基础。

（三）积累工作经验

在调研中我们发现，大多数的企业不愿意接纳应届生和没有工作经验的学生，这对于刚毕业的大学生来说，无疑是一个很残酷又必须面对的问题。但这不是个别院校学生才面临的问题，而是任何学校的学生都同样面临的问题。在解决这一问题上，各大院校形式不一地采取各种措施，如大连职业技术学院在人才培养模式上实施“订单式”人才培养模式，走校企合作办学之路，拉近与企业的距离，把企业培训方案直接导入教学内容，把企业实践技能考核纳入实训计划，使学生毕业后一上岗就能立即进入角色开展工作。这些学校的经验都可以成为我们借鉴的典范，给学生一个可以经过摸爬滚打逐步走向成熟的机会。

此外，学生毕业前的实习是积累工作经验的重要途径之一。各大院校应积极主动地为学生提供良好的实习基地，让学生充分有效地利用毕业前的实习来积累工作经验，弥补应届生工作经验不足的缺陷。院校应采取把企业引进来，把学生送出去，与企业所需紧密联系，通过校企合作，建立实习基地等方式，让学生在毕业前就能了解企业，深入企业，掌握基本技能。

（四）提高综合素质

从对日语专业人才综合素质的需求的调研结果上看，绝大多数的企业尤其是日资企业在责任感与事业心和团队合作精神一栏中做出了重点标注，这就是在提醒我们在文化知识的传授中同时要注重培养学生的综合素质。

三、解决方案

通过对日语专业毕业生的就业领域及岗位进行分析可以看出，现在的企业需要的不仅仅是日语单方面的人才，更需要全方位的综合性应用型日语人才。面对竞争激烈的就业形势，日语专业毕业生除了学好日语之外，还必须提高心理素质，掌握其他职业技能，加强实践工作能力，提高团队合作能力和增强沟通能力。

人的能力是人的综合素质在行为上的外在表现，而素质是能力的内在基础。教师要协助学生在自我肯定、抛弃自卑和增强自信的基础上做好心理调节和情绪调节工作，教会学生学会自我调节，自我控制心理和情绪的变化，只有这样才能适应各种条件下的变化。

职业技能包括专业技术能力和专业知识两方面，掌握专业知识是培养专业技能的基础。教师在教学中可通过选修课、培训课等形式，适当添加提高职业技能的专业知识。

为加强学生的实践工作能力，校方和教师应共同协作，为学生创造接触企业、接触岗位的机会。除此之外，教师应鼓励学生积极参与科研活动，巩固和深化专业培养思想，从激发学生的专业兴趣入手，逐渐提高学生的实践动手能力。

第四节 日语教学质量提高措施

在竞争日趋白热化的今天，以质为本、以质取胜已成为一个核心主题，对于所有高校来说也是同样。教育教学质量是学校的生命线，教育教学质量的提高已成为学校走向成功的关键，培养创新型人才更成为当务之急。俗话说，师高弟子强，对于日语专业的学生来说，他们是否能够成为创新型日语人才，是否能够在竞争大潮中占有一席之地，高校的日语教育教学水准起到了至关重要的作用。

国家一直大力倡导实施素质教育，培养高素质创新型人才。创新型人才是一个民族前途和命运的重要决定要素，是各大院校在人才培养上能否成功的重要指标之一。教书育人是教师的天职，为社会培养高素质创新型人才是每位高校教师的义务，是各大院校的使命和责任。这就要求每位教师必须从提高自身素质做起，不断研究与探索提高教育质量整体水平的良方，在此笔者针对如何提高日语教育教学质量，培养创新型日语人才这一课题，从微观和宏观两个层面发表几点浅陋之见。

一、日语教师自身素质的提高

从微观上说，日语教师自身素质的提高是适应时代需求，迎接日语教育、教学改革挑战的首要条件。只有创新型日语教师才能培养出创新型日语人才，因此急迫要求高校日语教师具有创新性的日语教育教学理念和完善的知识能力结构。

（一）创新性的日语教育教学理念

什么是正确的教育教学理念？有人将教师分为两类，一类是用自己的教学方法去筛选自己认为符合并适合该教学方法的学生，这些学生被该教师划分为优等生，同时也筛出了一部分不适合自己教学方法的学生，于是产生了教师心中的不合格生、差生；另一类是教师将所有学生的特性、特点进行研究分析，然后去寻求符合并适合学生的教学方法，从中筛选并剔除一部分不符合、不适合自己学生的教学方法，进而不断改进教学方法，做到因材施教，培养学生的同时提高自己。显而易见，如能拥有一个如后者一样的教师，可谓学生之大幸，学院之大幸。教师要肯于蹲下身来，从学生的角度看学生的所思所见所想，肯与学生交流，力求探索每位学生心灵深处的奥秘，挖掘每位学生独特的闪光点，使其发光发亮。

具备正确的教育教学理念，是为人师的基本，而创新性的教育教学理念对教师来说无疑是一个更高的挑战。树立创新性日语教育教学理念的目的是培养出具有创新意识、创新精神和创新能力的日语人才。当代日语教育已不允许教师停留在单纯的照本宣科的教学上，日语教师的真正价值体现在是否能够激发学生学习日语的自主性、激发学生学习日语的求知欲上。必须改变以教师为中心的教学模式，转变为一切以学生为中心的教学模式，坚持“学生中心论”这个理念。现代经济社会以现代科学技术为主要支撑点，所谓的现代科学技术本身就是一种创新，其是以创新型综合性人才为支撑点的。这就要求日语教师需以知识和技能的传授为载体，依据日语专业学生的专业特点和个性特征，培养日语专业学生的综合素质和实践应用能力，并根据日语专业学生的个性差异设计多元的评价体系，为日语专业学生的成才和成长创造更好的育人环境，不断地提高高校的教育质量。教师认真倾听学生的心声已成为日常教学中的关键，通过启发教育，潜移默化地将学生各自鲜明的个性导向正确的方向是教学工作的重要环节。高校教师需积极营造充满生机活力的课堂教学氛围，将课堂变成师生互动的场所，激励学生迸发创造的热情和火花，令学生主动地将自己的思考、灵感及兴致投入课堂活动中，使课堂教学变成一个呈现出丰富性、知识性和趣味性的舞台。所谓的创新性不是凭空想出来的，国外不乏众多先进的教育理念，这些教育理念都可以成为学习的捷径，我们应取人之长为己用，并在日语教学实践中不断改进，逐步探索出一套创新性日语教育理念，从而培养出大量创新型日语人才。

（二）完善的知识能力结构

日语知识能力结构可以理解为日语知识结构和日语能力结构的综合。具有完善的知识能力结构是对当代高校教师的高要求、高标准。“满腹经纶”作为一个褒义词如用在教师身上，则是对该教师的学问和才能的认同，但教师更重要的使命是“传道、授业、解惑”，因此“茶壶煮饺子”式的人物不适合从事教育事业。日语教师不仅要具有丰富的专业知识、科研知识，还需具备其他与日语教育相关联的理论知识和实践知识，以及从事日语教育活动所必须具备的各项业务能力。这其中不仅包括富有表现力和说服力的言语能力，能够根据学生的不同情况或意外情况，随机应变的应对能力和因材施教的能力等。在当今国际化、信息化的社会中，高校日语教师还需要具备信息技术能力和其他能力，并且必须树立积极向上的终身学习观，随时应对未来社会对教师的需求。与此同时，高校日语教师更要将这一理念言传身教地传授给学生，培养日语专业学生终身学习的理念和习惯，为他们日后走向社会打下扎实的基础。日语教师综合能力的提高直接影响日语专业学生的成长，日语教师的能力结构是培养创新日语人才的关键，这一简单的道理不言而喻，需要全体日语教师共同努力。

各大高校为提高日语专业学生的就业能力，大力鼓励学生参与社团活动，意在提高日语专业学生的实践水平。对学生尚且如此要求，又何况是教书育人的日语教师呢。随着素质教育观念的提出，“实践能力”日益成为高校教育研究中的又一热点话题。日语教师的知识结构不是单靠自身的学习和刻苦就可以完善的，而是要借助实践活动这一载体进行。日语知识能力结构的完善与综合素质的提高皆源于实践活动，同时体现出实践能力水平。因此高校日语教师应尽可能多地积极参与社会和企业组织的各项实践活动，在直接获得宝贵实践经验的同时，借助各种媒体间接汲取广泛经验；通过拓宽视野和培养自身的前瞻精神，做到及时把握社会最新发展趋势和本学科学术动态，提高对创新性命题的敏锐程度。教师需要通过实地演练、经验收集、技术训练，在实践中通过长期体验、反思、总结、评判、感悟和领会，不断提高自身的素质，逐步将知识能力结构进行合理整合，只有这样才能在日语教育教学实践中更好地培养高素质创新型日语人才，才能更好地服务于日语专业学生，协助日语专业学生共同成长。

二、日语教学环境整体水平的提升

宏观地说，日语教学环境整体水平的提升是各大高校免于淘汰、赖以生存和发展的基本，也是高校培养创新型人才的核心，是教育教学的生命线。

（一）培养高质量的日语教学团队

高质量日语教学团队的培养是搞好日语教育教学质量的关键，只有优秀的日语教学团队才能教出优秀的学生，才能培养出创新型日语人才。高质量日语教学团队要求每位日语教师都要有前沿的教育理念、丰富的文化知识、熟练的教学能力以及积极进取、不断探索和无私奉献的精神。日语教师只有全心奉献才能创造出优异的日语教育教学成果。日语教学团队中，专业带头人起到举足轻重的作用。它要求日语专业带头人必须具有一定的学术造诣和创新性学术思想，具备组织管理和领导才能，善于整合与利用社会资源，有效地管理教学团队，使其成为强大凝聚力和创造力的团队。

从校方来看，要培养一支优质的日语教师团队，首先需要创造一个良好的育人环境，为日语教师提供走出去学习的机会，积极鼓励日语教师继续深造和学习。“闭门造车”永远造不成“好车”，只有谦虚谨慎地“取人之长，补己之短”，不断开阔视野，将所学日语知识结合本校实际，有针对性地开展日语教育教学研讨，集思广益，共同探索日语教育教学新方法，才能达到提高日语教师的教学能力的目的，还可以借此增强日语教师之间的情感交流，提高日语教学团队的凝聚力。只有打造一支和谐、奋进、有朝气的日语教学团队，才能使得该校的各项工作朝气蓬勃地开展，才能培养一大批朝气蓬勃、积极向上的优秀创新型日语人才。

（二）营造良好的日语学习环境

学习环境对人的言行具有强烈的暗示作用，可起到引导行为和方向的导向作用。各国在纷纷采取措施加强对高等教育质量的控制时，深刻地意识到学习环境对学生发展和成长产生着重要影响。为此，各国提出了利用学习环境评估来控制教育质量的众多举措。为日语专业学生营造一个良好的学习环境是日语教育教学质量提高的保证。

高校不仅是一个社会文化的传播者，同时还是一个社会文明的传播中心，是培养创新型日语人才的坚实基地。从校方来说，应该强烈阻挡和制止社会的各种不良现象，首先要从学校内部入手，及时准确地做好学生的思想教育工作，加强对学生的管理和控制，增强学生判断是非和自我控制的能力。同时，学校要为学生创造一个良好的学习环境，将学生的兴趣和爱好放在学习上。学校可根据自身情况努力构建和谐校园文化，搭建互联网和远程教育网，选择适合本校实际的优质教育资源，建立校园网，建立网络教室，给教师和学生探寻学习资料提供广阔的空间，搭建学习和借鉴优质教学资源的平台。搭建各式平台可以拓宽师生视野，拓展师生思维，增强师生的创新能力，提高学生学习的灵活性，为教学优化注入新活力。学校通过行之有效的教育管理方法，增强全校师生的和谐校园文化的自觉意识。一个良好的学习环境，一个和谐的校园文化，能够激发校园内每位学生潜能的发挥、特长的展现，使其个性得到全面和谐的发展，有助于培养具有鲜活个性的应用型人才。

（三）争取社会和家长的支持

从邓小平同志所说的“国家现代化的基础在人才，人才的基础在教育，教育的基础在家庭”中可知，教育中的家庭教育对人才的培养是何等重要。作为教育三大支柱的家庭教育、社会教育和学校教育应相辅相成，互相配合，互相辅助，缺一不可。家长是学生的第一任教师，家庭教育是学校教育的重要补充部分，也是学生身心健康发展的重要因素。随着高校素质教育的不断深入发展，校方应有效地利用社会和家长作为进行教育指导和服务的载体，寻求社会和家长的大力配合，使其成为沟通学校教育、家庭教育、社会教育的重要渠道，为提高教育质量发挥功效。

为使学校、社会、家长三方友好配合，学校必须加大力度致力于处理好与社会、家长的关系。学校有必要对每位学生的家庭背景有所了解，做到有的放矢地关心学生的身心健康，及时与家长进行交流。首先要让家长认识到子女接受高等教育的重要性，使家长主动协助学校进行有意义的健康教育。为了让家长更好地、及时地了解学生在校的学习状况、心理状况、行为表现，各小学经常举办的“家长开放日”活动无疑是个好办法。但不是所有院校都能像小学一样实施此项活动，众多客观条件的约束使得该项活动无法统一进行，那么各大院校可以将每一个教学日都定为“开放日”，向家长和社会打开欢迎的大门，欢迎家长和社会各界随时参观和监督，让他们及时了解学生在校的实际状况，争取家长和社会各界的积极配合。这种开放性政策有利于拉近学校、家长、社会的距离，增强家长对校方的信任；院校应谦虚听取家长和来自社会各方的建议，致力于优质资源的选用。教育教学堪称一门艺术，教师和家长的良好合作有利于培养学生良好的学习和生活习惯，帮助学生成长；同样，教师在解决和帮助各类困难学生的实践中，也提高了教育教学水平。教师、家长、社会三方之间应协力架起信任、友爱的桥梁，共同努力创建一个民主平等、公平合理、和谐互爱的互帮互助关系，共同探讨和研究培养应用型人才的良方，只有这样教学环境整体水平才会得到大幅度的提升。

第四章　日语教学与语境构建

第一节　日语教学中的语际转换

翻译涉及语言的方方面面，也正是这个缘故，许多人将翻译定义为语际转换。虽然不能简单地将翻译定义为语际转换，但语言在翻译交际中的重要性无论怎么强调也不为过。用系统功能语言学的观点看，如果说翻译是转换，则翻译是一个不断地从语篇到意义、从意义到语境然后又从语境到意义、从意义到语篇的转换过程。毋庸讳言，这个过程的出发点是一种语言的语篇，这个过程的归宿是另一种语言的语篇。从这个意义上说，没有语言就没有翻译，但也应该看到，从一种语言到另一种语言的转换是在意义与语境的制约下进行的，因此，翻译不是简单的语际转换，而是从语言到意义、从意义到语境再从语境到意义、从意义到语言的语际转换。这样说，一点没有看轻语言的意思，相反，我们认为语言是翻译的依据与依归。而语言又是个“混沌乾坤”，因此，需要用科学的分析体系对之进行切分与研究。人们常说，人是会说话的动物。换言之，语言与人类同日而生，但长期以来人类对语言的认识一直在摸索中前进，直到19世纪与20世纪之交结构主义语言学问世，才算有了真正科学意义上的语言学。后来，经过捷克斯洛伐克的布拉克学派、美国的描写语言学派、英国的伦敦学派、美国的转换生成学派和英澳的系统功能学派等语言学派长期的多角度的研究，人类对语言才有了比较接近于真理的科学认识。语言是语音与意义的结合体，但发展到后来，又产生了一套记音符号，即书写符号。语言的语音系统是有结构的，语言的书写系统也具有结构。人们常说翻译就是翻译意义，这话当然不无道理。但同一个姑娘，穿一身漂亮的衣裙与衣衫褴褛，其形象肯定是不一样的。同样，语音与书写符号，虽常被人们称为物质外壳，然而这两个外壳，可以将一个姑娘装扮得婀娜多姿，也可以使她看上去像一个乞丐。语言的语音、结构与意义严格地说密不可分，人们将它们分开研究是为方便起见。符号学家将语言研究划分为三个层次，即句法、语义与语用。暂且不过问这种划分方法是否得到了语言学界的普遍认同，但语用学成了当代语言学研究的一个热门课题，则是活生生的事实，语言结构的层次性及其相关的意义是普通语言学的研究范畴，语言单位与语言单位的常规的与非常规的排列组合而产生各种常规的与非常规的意义，则是修辞学所关注的重点，语言结合语境所产生的常规的与非常规的意义则是语用学的主要研究领域。因此，我们在讨论翻译与语言的时候，将从普通语言学出发，从语言的语音、书写符号与语言的各个结构单位，如语素、词语、句子以及段落和语篇等角度对语言与翻译进行探讨，从语义学与语用学的角度对语言与翻译进行探讨，在探讨的过程中附带讨论不同层次的语言单位的修辞作用。

一、日语翻译与语音

语言学家，或者说语音学家，从语音的发声与接受、语音的物理性质、语音系统及其结构与语音的润饰等角度来研究语音，产生了相应的各种语音科学——语音学、音系学与超音段音系学，统称语音学。语音学是研究语音的生成、语音的成分、语音的性质、语音系统与语音是如何相互结合表示意义的学科，语音学的发展为翻译研究中的语音描写与探索提供了极大的便利。语音具有生理、心理与物理属性，也具有社会属性。如果说语音的生理属性是全人类共有的话，那么语音的社会属性则因言语社团而异，因为语音与意义的结合基本上是约定俗成的，同一个意义，不同的语言用不同的语音或语音组合表示，同一个意义在同一种语言的不同方言里往往也用不同的语音表示，这就给翻译带来了机遇与挑战。各种语言如果没有音与音、音与义结合上的千差万别，就无须翻译；有了音与音、音与义结合上的千差万别，翻译才有必要，才会遇到各种各样的挑战。

二、日语翻译与文字、词汇

文字是语言的书写形式，是用书写符号来记录语言的产物。因此，用语言发展史的观点看，语音先于文字。我们可以说，语音是第一性的，文字是第二性的，是派生的。语音与文字从理论上说，应该是一一对应的，但实际上并不是这样。有些字读音相同，书写却不一样；有些字书写相同，读音却不一样。语音因文字而行远，让形形色色的口头文学得以流传下来；语音因文字而升华，即席发言，经过梳理整理更有层次性与条理性，更有说服力与感染力。我们发现，日常生活中用口头表达不太方便甚至不太合适的事是常有的。例如，邀请外籍教师来华授课，除了使用电子邮件外，还要签署一份合同；布置教学任务时，口头说过之后，还要发放教学任务书；邀请他人参加婚礼，为表示郑重其事，拿着请帖登门邀请，等等。语音形式与书写符号之间的关系，除少数拟声词之外，基本上是约定俗成的，拟声符号与语音之间的关系也因语言社团而异。当然，语音与书写符号之间也有对应关系，但不是一一对应的，而是因语境而异。

关于文字发展的早期情况，至今没有定论，故事与传说认为是某些神或人的发明创造，辩证唯物主义与历史唯物主义则认为是人民大众共同创造的，一定的文字，是使用这种文字的语言社团约定俗成的结果。随着考古事业的发展，我们看到，现代文字，主要可能都是从图画发展而来的，现代的拼音文字与方块文字可能都是由象形文字发展而来的。世界上的主要书写文字有以字母为基本单元的拼音文字与以笔顺为基本单元的方块文字。汉语的书写形式是由笔顺构成部首、由部首构成汉字、由汉字构成单词、由单词构成词组、由词组构成句子、由句子构成段落、由段落构成语篇。但也有一个笔顺构成一个部首、一个部首构成一个汉字、一个汉字构成一个单词、一个单词构成一个词组、一个词组构成一个句子、一个句子构成一个段落、一个段落构成一个语篇的情况。也就是说，汉语最小的语篇可以是一个笔顺。汉语的笔顺，除非单独构成单词，一般是没有意义的，但是汉语的部首是有意义的，如汉语的形声字，就是利用偏旁部首表示声音与意义的。如果说口译是以语音翻译语音的话，那么笔译则是以文字翻译文字。因此，讨论翻译与文字，就是讨论笔译时文字与文字之间如何在语境与意义支配下的相互转换。汉语基本上是方块文字，虽然近几年来人们不时地使用汉语拼音，但还没有人也不太可能有人用汉语拼音写诗作文。

从语言的文字形式的角度看，笔译可以分为拼音文字语言间的翻译、方块文字语言间的翻译与交叉翻译，即拼音文字与方块文字语言间的翻译。一般来说，拼音文字语言间的笔译是比较容易的，难的是交叉笔译，将拼音文字翻译成方块文字，将方块文字翻译成拼音文字。

虽然说笔译是用一种语言的文字来翻译另一种语言的文字表达意义的，但一般意义上的笔译不涉及译出语与译入语的文字结构，涉及文字结构的翻译主要是异化翻译。由于汉字是方块字，因此汉语在构词上就可以充分利用汉字的这一特点。汉语的叠字就是一个极好的例子。汉语的叠字可以有多种形式，如AABB式、ABAB式等，前者如重重叠叠，后者如研究研究。汉语的成语多为四字结构，这一方面是受先秦文学的影响，另一方面与方块汉字的灵活性不无关系。龙腾虎跃、生龙活虎、瓜田李下、杯水车薪、车水马龙等，其内部结构虽不尽相同，但方块汉字的灵活性无疑发挥了重要作用。

日、汉两种语言各有不同的文字形式，翻译中，如原文不是刻意利用其文字的特点，一般不会给翻译带来什么困难，但如果刻意利用文字上的特点，就会给翻译带来许多麻烦。在有些情况下，如能做到不顾此失彼，恐怕就可算佳译了。

词汇所包含的内容很多，有构词、语义关系，包括语义场、词语搭配、词汇的历史变迁、外来词语以及短语、熟语与成语等。日语的构词涉及假名、汉字和罗马字，汉语的构词涉及汉字。词汇的历史变迁，是一个很复杂的课题，有语言的内部动因，也有社会、文化等外部动因，还有一部分是大量使用外来词语的结果。词汇搭配问题是一个棘手问题，但有规律可循，因为词汇搭配问题主要是多义词的搭配问题。

三、日语翻译与段落、篇章

翻译与段落和篇章方面的内容很多，这里主要讨论语篇的衔接与连贯，讨论之前，先粗略地讨论一下段落与篇章这两个概念。段落与篇章，在许多情况下被称为语篇，但是一般认为，篇章是完整的语篇，段落只是完整语篇的一个组成部分。特殊情况下，一个段落甚至一个句子，也可能是一篇完整的语篇。大于或等于句子的语篇单位只有句子、自然段与语篇。汉语里有“大段”的说法，但似乎也不是一个专业术语。

衔接是词汇语法层面上的，而连贯是意义层面上的，衔接是手段，连贯是目的。但是，衔接并不是实现连贯的唯一手段，甚至不是最重要的手段。语篇的连贯首先依赖语境，其次依赖逻辑，最后依赖衔接。

关于逻辑与连贯，逻辑是广义的，是通常所说的“合乎逻辑”的“逻辑”。许多语篇，在词汇语法层面上虽然不衔接，但意义上合乎逻辑，仍然是连贯的语篇。

所谓的逻辑，包括逻辑顺序、时间顺序与空间方位顺序。说话或写文章，一个问题一个问题地说，一个问题一个问题地展开，有时从最重要的说起，有时从最不重要的说起，这是一种逻辑顺序；描写事件，可以从现在写到过去，也可以从过去写到现在，这是时间顺序；描写空间方位，有时从里到外、从右到左，有时则从外到里、从左到右，这是空间方位顺序。这里讨论的都是自然顺序。符合一定的顺序的语篇，即使衔接得非常松散，也不太妨碍理解。但必须特别指出，一旦自然顺序被打乱，衔接对确保语篇连贯就是至关重要的了。

语法结构是实现语篇意义重组的重要手段。这里所说的语法结构，是实现结构衔接的手段。可见，适当地使用结构衔接手段，能够实现语篇的意义重组，使得本可以按照自然逻辑顺序排列的语篇意义，变得跌宕起伏。

在语篇层面上，日语可利用自己的句型与语法结构上的完整性来实现倒装或部分倒装，可利用关联词语来实现语篇意义的局部重组，而汉语遇到这些情况则多遵循自然逻辑顺序与自然时空顺序展开语篇。因此，日译汉时，对于倒装的句子成分，汉语往往要遵循自然逻辑顺序与自然时空顺序来翻译；在日语原文利用关联词语实现意义重组的时候，汉语往往也要遵循自然逻辑顺序与自然时空顺序来翻译。

第二节　语用蕴含与日语言语行为

从广义上讲，所有的语言使用以及与语言使用有关的现象都在语用的研究之列。现代语言学将语用学看作它的一个分支，虽然传统上语用学是符号学的一个分支。这里主要讨论语用学范围内一些与翻译有关的问题。现代语用学主要关注指示、预设与蕴含、言语行为、合作原则、会话隐含与礼貌原则等，它们与翻译的关系都非常密切。

一、指示

指示是语言层面与语境层面的接口，其用特定的语言项指称语境中的事物，这些语言项的意义要结合语境来理解，离开语境，往往无法理解指示词语的确切意义。语言学界一般将指示分为人称指示、地点指示、时间指示、话语指示与社会指示等。指示词语一般所表示的是指称及相关意义，这种意义的产生是人类表达自己与外部世界的关系或者说是切分外部世界的结果。人类所在的世界是没有端点的，是无极的，但人类在与外部世界打交道的时候，必须分出经纬。如何分出经纬呢？从哪几个方面来分出经纬呢？我们可以看到，人类本身的介入，就使其有了一个观察世界的出发点，因此，人们在切分人类所在的这个“混沌乾坤”时，总是以“我”为视角，或者说以“我”为中心。首先，人类以“我”为中心梳理人际关系。人们在交际中用“我”来指称自己，用“你”来指称对方，用“他”或“她”来指称第三者。人类在切分空间的时候，以自己所在的位置为参照点，用“这里”来指称离自己近的地方；用“那里”来指称远离自己，而相对于听话人近的地方；同时以自己所处的位置为参照点来分出前后、左右、上下。人们在切分时间轴的时候，以自己眼下所处的时间为参照点，用“现在”来指称；而用“那时”来指称过去或将来；用“今天”来指称自己眼下所处的日子；用“昨天”“前天”“大前天”来指称在此之前的日子；用“明天”“后天”“大后天”来指称将来几天。人类与周围的一切非生物的区别在于人是有生命的，人与植物的区别在于人是可以运动的，人与其他动物的区别在于人是有思想的、可以用语言来交际的。在典型语言交际中，必定有一个发话人，有一个或几个受话人用“我”来指称自己，用“你”来指称对方，用“他”或“她”来指称局外人，分别称为第一人称、第二人称与第三人称。第三人称所指的是局外人，因此，只有第一与第二人称代词有指示功能，第三人称代词主要起衔接作用。上面所说的“我”和“你”都是单数，它们的复数形式是“我们”与“你们”。必须注意，“我们”可用来指称包括发话人在内的人，也可用来指称包括对方在内的人，还可用来指称包括语境外的人在内的人。“你们”可指称包括对方与语境外的人在内的人。

在语用学中，人们研究指示时往往只研究人称代词，其实，专有名词、亲属称谓词、社会称谓词等也都有指示功能。专有名词常常用来指称对方，偶尔也用来指称发话人自己，人类一般不用第二人称指称植物与无生命的物体，但有时用第二人称指称动物，尤其是指称自己所喜爱的动物，这种情况常见于人与动物对话的时候。人类在指称植物与无生命的物体的时候，是用距离发话人的远近为参数来指称的。

了解人称指示对翻译具有重大意义。首先，通过分析指示词语，能了解语境并通过语境把握意义。

社会指示主要指称话语情景中的以及情景外的人的社会地位，其包括尊称与谦称。汉语中尊称的例子很多，如您、令堂、仁兄、令爱、令郎、足下等；谦称如愚兄、小弟、妾、贱妾、犬子、小女等。这些尊称与谦称有的是同时标示被指称人的性别的，如令尊、令堂、仁兄、令爱、犬子等；有些尊称或谦称是专用的，如寡人、本府、陛下等，有的甚至有个人专用的倾向，如老佛爷等。社会指示有的既可以用于第一人称，如写信时的落款“外语系主任、教授洪 ××”，也可以用于第二人称，如“尊敬的洪 ×× 主任”，还可以用于第二人称，如“洪 ×× 主任上次说过，有事可以写信或直接与他本人联系”。尊称一般只能用于指称对方，而谦称一般只能用于指称自己。

话语指示是对上下文的指称，例如，在写文章时常用“如前所述”“下面将要详细讨论”等。此外，还常常用到一些表示上下句关系的词语，如“因为……所以”“由于”等。

研究中发现，日语的指示词语与其他语言如汉语的指示词语一样具有系统性，所有的指示词语都是发话人以自己所处的时空参照系中的位置为中心，运用同项来指称语境内外的现象的。发话人之所以需要发话是因为他或她要将自己的所见、所闻或所思告诉他或她要告诉的人。这个人或这些人可能在现场，也可能不在现场。如果对方在现场，那就是面对面交际，如果不在现场，就是非面对面交际或远程交际。但不管是面对面的交际还是远程交际，都在一定的语境中进行，不同的是，进行远程交际时，对方不一定能看到发话人所指的一切事物。

二、预设与蕴含

预设的英语对应词为“presupposition”，也有人将它译为前提。前提在哲学与逻辑中沿用已久，为避免混淆，笔者倾向于在语用学中使用预设。首先对预设进行研究的是哲学家与逻辑学家，语义学家也对预设感兴趣。因此，人们对预设的界定也不尽相同。一般都倾向于将预设分为两部分，即语义预设与语用预设。由于语义预设与蕴含常常是放在一起进行对比研究的，故将蕴含放在预设中进行讨论。语义预设是建立在句子的真值条件的基础之上的。语用预设将预设与语境联系起来，或认为自然语言是对语境持有某种设想，或认为预设是满足言语行为所必需的社会适应性条件，或认为预设是交际双方的共有知识。

学习预设与蕴含对翻译来说意义重大。首先，翻译的成功与否在很大程度上取决于意义。按照系统功能语言学关于语境、意义与词汇语法之间关系的观点，笔者认为译者理解原文文本时是通过词汇语法获得意义进而了解语境的，译者在表达时是通过语境把握意义然后选择词语的。预设与蕴含都是有研究意义的，因此，是译者必须了解的内容。至于共有知识更是翻译时不可或缺的。

三、言语行为

言语行为理论是由奥斯汀提出的，他认为传统观点将所有的语句都认为是陈述性的，其实也不尽然。言语行为理论提出了一个根本性问题，即用语言可以做事。做一些事时，做事人必须具有一定的身份，而且所做的事必须在一定的场合下进行；但做另一些事对做事人的身份与做事的场合没有特定要求。那么，除此之外，还有没有其他言语行为呢？后来的研究又延伸到了施言行为、施事行为与施效行为。所谓施言行为，就是说话时有固定的意义与所指；所谓施事行为，就是用言语来做事，即用言语来陈述、承诺、警告等；所谓施效行为，就是由言语来影响交际的对方以获得一定的效果。

言语行为理论在语用学中占有很重要的地位，其内涵也极其丰富，近年来在这方面的研究也有许多新的进展，这些对翻译的理解与表达都极为重要。

推理是以一定的常识、一定的共有知识、一定的背景知识包括交际参与者的社会地位与身份等要素为基础的。那么，能不能将这些因素整理出来或加以形式化呢？于是，合作原则应运而生。合作原则认为，交际的参与者既然参加交际，在交际中就会持合作态度；既然持合作态度，就会以适当的方式进行交际。这些可能是格莱斯当年的想法，于是，他将这些想法整理成一条总原则与四条准则，即合作原则和质量准则（不要说自己认为不真实的话；不要说没有充分根据的话）、数量准则（根据目前交际目的的需要提供信息；不要提供超出交际目的所需要的信息）、相关准则（说话紧扣话题）和方式准则（避免晦涩难懂，避免歧义，要简洁，要有条理）。必须承认，人们说话时一般是遵循这条总原则及其四条准则的。

合作原则的真谛就在于交际的参与者在交际中常常不是直接说出本意的，而是将话语意思深深埋藏，使对方或捉摸不定或费些周折才能琢磨出来。换言之，合作原则的可贵之处在于提出了一个假说，即人们在会话中通常都是合作的，都是遵守规范的，如有违反，一般不能理解为交际参与者彼此不合作，而应理解为另有他意。这种弦外之音，利用常识、共有知识与语境知识是可以推导出来的。在合作原则的基础上，利奇研究了礼貌原则。利奇认为，人们在交际中违反合作原则有时是出于礼貌上的需要。利奇在研究礼貌原则时，将言语行为分为四大类，即矛盾类、共生类、协同类与冲突类，并将礼貌准则分为六大类，即策略准则、宽宏准则、褒扬准则、谦逊准则、认同准则与同情准则。这些准则各有各的用处，但总的说来离不开使对方受惠自己失利，或者相反，使对方失利自己受惠。礼貌原则与合作原则一样，因社会文化不同而不尽相同。

学习语用学对翻译大有裨益。首先，可以将指示与人类观察世界的路径联系起来，并进一步分析人称指示系统、时间指示系统、地点指示系统、社会指示系统与语篇指示系统。另外，指示词语主要是从发话人的角度进行研究的，预设与蕴含既可以看成是从发话人的角度进行研究的，也可以看成是从受话人的角度进行研究的，而会话隐含、合作原则与礼貌原则则主要研究受话人如何运用语用推理理解发话人的话语意图。总之，语用学结合交际语境研究意义，与将翻译看成交际不谋而合。

第三节　语境构型与译型配置的逻辑构建

人们在讨论翻译与翻译交际时，都希望能将讨论的问题具体化，而不是泛泛而谈。翻译与翻译交际都是包罗万象的大概念，实际生活中存在着各种各样的翻译，存在着各种各样的翻译交际。翻译理论的一个任务就是要对翻译与翻译交际进行分类，找出某些规律，指导翻译实践。这项工作虽然许多人都已做过，但这是一项很不容易的工作。这项工作传统上多半是采用归纳法来做的。用归纳法来研究这个问题是可以的，但也有不尽如人意的地方。乔姆斯基认为，用归纳法研究语言学要收集样品，可是无论怎么努力，样品总是收集不齐的。一是因为样品太多，二是因为在收集样品的时候，新的样品又出现了，层出不穷。这就容易以偏概全，缺乏系统性。看来，用归纳法研究翻译译型与译型配置也容易以偏概全，缺乏系统性，难以具有解释力。

例如，传统上从这样或那样的角度对翻译进行分类，不禁让人产生疑问：分类标准有没有系统性？分类有没有解释力？因此，笔者主张用演绎的方式研究翻译译型与译型配置。但是，用演绎的方式来研究也不是没有问题。翻译是一种多变量、多层次、动态性的交际形式，要将所有的变量、所有的层次与各种动态性囊括无余，绝不是一件容易事。那么，什么是问题的关键，什么是解决问题的钥匙呢？

本节是用描写的方法，从交际的角度来研究翻译的。研究翻译译型与译型配置也必然用描写的方法从交际的角度切入，否则，整个理论框架就缺乏系统性，就显得零零散散、支离破碎，给人东一榔头西一棒槌的感觉。既然翻译是一种交际，翻译的译型自然就是一种具体的交际类型，译型配置自然也就是将翻译交际中的各种变量具体化了的结果。

一、关于语境构型

系统功能语言学认为语境是由三个变量，即语场、语旨与语式构成的，但是他们所说的这些变量，都是极其抽象的量，与代数中的 X、Y、Z 一样。要将它们变成具体的量，就要令 X、Y、Z 分别等于一个数，例如，令 $X=a$，$Y=b$，$Z=c$，将它们代入抽象的语境 $=X+Y+Z$ 的公式中，就可以得到具体的语境 $=a+b+c$。这种具体的语境，哈桑称为语境构型。翻译是交际，翻译的译型可仿照语境构型来确定。也就是说，前面讲的翻译语境都是抽象的，都是由 X、Y、Z 构成的，只要将具体的数值代入这些抽象的语境，就可以得到具体的译型。换言之，具体的译型是由 X、Y、Z 这三个变量的具体数值决定的，是由具体的语场、语旨与语式构成的。

第一，翻译中的语境的底层语境，在翻译中的语境中都有所反映。例如，作者与其心目中的读者的交际是反映在原文文本上的，通过分析原文文本的语篇，再结合对其他材料的分析，就可以分析出作者与心目中的读者的交际语境。同样，译者与心目中的读者的交际在正在翻译的译文文本与已经翻译好了的译文文本中都有反映，通过分析正在翻译的译文文本与翻译好了的译文文本，可以了解译者与心中的读者之间的交际语境。

第二，在翻译中的交际中，有关作者、译者与读者的社会语旨是基本上固定不变的，原文文本与正在翻译的译文文本或翻译好了的译文文本的表现方式与渠道基本上是固定不变的，有关语场从宏观的角度看也是固定不变的。在交际的过程中，虽然时间在推移、地点在变更、事件在发展、人物在变换，但人物与事件的变化主要是底层语境中发生的现象。因为，翻译中的语境分为创作语境与译作语境，在这两个语境中，作者与心目中的读者、译者与心目中的读者都是固定不变的。从事件的角度看，小事件是大事件的一个组成部分，而在整个翻译中的交际过程中小事件虽然在发展变化，但大事件是固定不变的。时间与地点的变化是小事件发展变化的标记，既然大事件固定不变，那么标记大事件的时间与地点也是固定不变的。总之，翻译中的语境是一个动中有静的语境，翻译中的译型是一个动中有静的译型。

综上所述，划分译型时主要应考虑五个变量，即作者、译者、读者、原文文本与正在翻译的译文文本，至于如何看待这些变量，笔者将在下一部分做进一步的探讨。

二、关于译型配置的逻辑构建

决定翻译译型的主要是作者、译者、读者、原文文本与正在翻译的译文文本五个变量。笔者认为，划分翻译译型，可以先依次按照这五个变量的分类来划分，然后可以将这五个变量交叉起来划分。下面，笔者将按照这个原则，先依次按照上述五个变量来划分，然后再交叉划分，最后引入语境构型概念来讨论译型配置。

对正在翻译的译文文本的分类，一方面可以参照原文文本的分类，另一方面可以参照译者心目中的读者与译者本人来进行。因为，在写作译文文本时，译者一方面要尽量考虑原文文本所含的信息与作者的交际意图，另一方面读者与译者本人对正在翻译的译文文本有调节作用。但是归根结底，作者、原文文本、读者与译者本人对正在翻译的译文文本的影响都是通过译者来施加的，因此，正在翻译的译文文本问题归根结底是译者问题。

还有一点必须说明的是，这里讨论翻译译型时，暂不考虑文体、体裁、题材与语体、风格对翻译译型的影响。但必须指出的是，基本上是就翻译中的语境来讨论的。从翻译语境的层次性与动态性的角度，翻译语境可以分为翻译中的语境、创作语境、译作语境、人物语境与戏中戏语境。需要补充的是，交际具有阶段性，在交际过程中，事件在发展、地点在变更、时间在推移、人物在更迭，这些动态进程都可以划分阶段。因此，我们可将翻译中的语境称为宏观语境，将各从属层次的语境称为局部语境，将各动态语境的阶段性进程称为阶段语境；相应地，将与上述语境对应的翻译译型分别称为宏观译型、局部译型与阶段译型。译型配置就是用系统功能语言学关于语境的三个变量及其子变量来配置上述三种译型中的具体译型的。例如，翻译中的语境，从译者的角度看，是由理解语境与表达语境构成的。只要具体分析理解语境中的语旨、语场与语式，就能完成理解交际。在此基础上，进一步分析表达语境中的语旨、语场与语式，结合读者的实际情况，在调整语旨的基础上，适当地调整语场与语式，就构成了一个翻译译型。

例如，如果将日本歌舞伎翻译给普通读者来阅读，其译者与读者之间的关系就得适当调整，而语场与语式也得适当地做相应调整。这些在具体语境的具体语旨、语场与语式，就是该译型的配置。这里讨论的实际上还是语境配置，但是，只要将这些语境配置植入具体的翻译译型中，就成了具体翻译译型的具体配置。

必须指出，在交际框架中，正如在前面指出的，译者虽然是替他人服务的，却是一个主动的交际参与者。有人说过，作品写成之后，作者就“死了”。这话乍一听让人难以接受，细细品味却颇有趣味，在翻译交际中尤其如此。正如前面所说，在翻译交际中，是底层交际决定表层交际。在底层交际的第一阶段，同译者进行交际的作者实际上就是译者理解中的作者，不是现实生活中的作者。在底层交际的第二阶段，同译者进行交际的读者是译者心目中的读者，不是译作的实际读者，不是现实世界中的读者。从这个意义上说，翻译译型大可以从译者的角度来划分，译型配置也大可以从译者的角度来配置，只不过在划分译型、配置译型时要充分考虑作者与读者方面的制约因素罢了。但考虑到这样划分与配置译型，会显得过于激进，也由于如果这样来考虑问题，译型的层次会显得过于复杂才作罢。

阶段译型的配置原则是相同的。我们可以从使用两种译型的角度对之进行翻译。现在再设想一下如何翻译戏剧。由于戏剧中既有叙事又有对话，换言之，叙事是一个阶段，对话是另一个阶段，那么翻译成戏剧，译者得与演员和观众交际。这时译者就得承担起翻译与改编的双重任务。戏剧交际中，一般没有独立存在的叙事人，原文的叙事部分，要么改用戏台指令，要么改用前奏，要么改为人物的台词。因此，原文中的叙事得改用人物的语言来叙述，其他方面也要做相应的调整。

第四节　日语教学中的共有知识

在本次讨论中，笔者将引入语言学中的共有知识的概念，并将其扩大到文化与经验层面，认为交际与日语教学中的翻译都离不开共有知识、共有文化与共有经验。日语交流是一种交际，交际是以共有知识、共有文化和共有经验为基础的。日语交流与其他交际一样，也是以共有知识、共有文化与共有经验为基础的。人们常说，交流的过程分为理解与表达两个阶段。理解原文文本与原文文本的作者，不单是个语言问题，还有知识问题、文化问题与经验问题。表达是译者与译者心目中的读者的交际，要使交际得以畅通，这不单是个语言问题，还有知识问题、文化问题与经验问题。在交际中如果没有共有知识、共有文化与共有经验，没有亲身经历、知识与文化方面的积累，交际是难以进行的。日语交流既然是交际，共有知识、共有文化与共有经验就必然是不可或缺的。本节将重点讲解日语教学中的共有知识。

一、关于共有知识

所谓共有知识，就是交际双方共同拥有的知识，它主要包括常识、专业知识、语境知识与上下文知识。常识主要指与人们的日常生活与生产活动息息相关的普通知识，它包含的面很广，有生活常识、生产常识、百科常识、语言常识、法律常识、社会常识、地理常识、历史常识、天文气象常识、公关常识、交际常识等，下面略举数例，以进行说明。在日常生活中，古人以及一些偏远落后地区的现代人，基本上是日出而作、日落而息，农村尤其如此。企事业单位与党政机关，实行的是上下班制度，大致是早晨八九点钟上班，下午五六点钟下班，中午有一小时左右的休息，这是人们生活常识的一部分。又如，每天早晨起床之后，就上厕所、洗脸、刷牙、做早餐、吃早饭、将家里收拾收拾，这也是生活常识的一部分。交际中，可以将这些常识看成交际双方已经具备的共有知识，以共有知识为预设，精练地表达自己，如“今天早晨一起来就上班了”。通常说话人说这句话的意思是，他今天早晨起床之后就上厕所，然后洗脸、刷牙、做早餐、吃早饭，吃完早饭将家里收拾收拾，没有耽搁就上班了，听话人也会这样理解。如果实话实说，将上面的那句话说成“今天早晨起床之后就上厕所，上完厕所就洗脸、刷牙，洗脸、刷牙之后就做早餐，早餐做好就吃早饭，吃完早饭之后将家里收拾收拾，没有耽搁就上班了”，如果没有特定的语境要求，不但听话人觉得累赘，说话人自己也觉得啰唆，也许大家都觉得十分好笑。

语言常识也是人们共有知识的一部分，人们的语言常识大致可分为语言知识与语言使用知识两部分。人们知道什么是恰当的语言，也知道怎样恰当地使用语言。换言之，人们既具有语言知识也具有使用语言的知识，用乔姆斯基的话来说就是语言能力与语言使用能力。人们的语言知识包括哪些语音是他们使用的语言的语音、这些语音是如何排列组合构成单词的、这些单词的音与义是如何结合用于指称或描写外部世界包括客观世界与人们的主观世界的、这些单词是如何排列组合构成句子的、这些句子又是如何排列组合构成篇章的、这些句子与篇章是如何表达意义的、书写系统是如何记录语音的、书写系统与语音系统有哪些联系与区别等。人们的语言使用知识就是通常所说的语用学知识。其实，人们的语用知识也是极为丰富的，例如，人们说话时总是将已知信息置于句首，而将新信息置于句末。比如，“老张今天来了”。在说这句话时，说话人与听话人都知道“老张”是谁，这是他们的共有知识。说话人要告诉听话人的主要是“今天来了”这个新信息，是他们没有共有的知识。又如，人们说话经常使用指示词语，指示词语是语境与语言的一个接口，其意义离开了语境是难以理解的。但是，在说话时使用指示词语的时候，大家都知道这些词语在语境中的所指。例如，“请把那个东西从那边搬到这边来”。说这句话时，说话人与听话人都知道，“那个东西”指的是哪个东西，“那边”指的是什么地方，“这边”又指的是什么地方，这也是他们的共有知识。人们在会话中使用预设时，会话的双方都知道预设的隐含意义。再如，“他侄子今天来了”。会话双方都知道，他有个哥哥或弟弟，这个人已经结婚，生了孩子，而且是男孩，这些是他们的共有知识。大家还知道，具有语言常识的人在交际中是遵循合作原则与礼貌原则的，如有违反，必定另有他意。

比如，甲问：“现在几点啦？”乙答：“学生都下第二节课了。”从表面看乙违背了合作原则中的相关准则，但仔细推敲，就会发现，乙这样说，意思是说：“我没有带表，不能告诉你准确时间，但是，你知道学生一般在八点五十下第二节课。现在他们下第二节课，大概是八点五十了。”这个推论也是建立在共有知识的基础上的，没有共有知识，就无法进行推理。又如，甲（一位学生从另一位学生身边走过）问：“请问小姐芳名？”乙（另一位学生）答：“原来是你。抱歉，刚才真的没有看见。”“请问小姐芳名”是古代询问不熟悉的女性姓名的一种礼貌说法，今天一般不用了。从整个对话看，两人彼此熟悉，用已经废弃不用的礼貌用语与熟人交谈，只能理解为是一种幽默。这也是交际双方的共有知识。交际中，另一种需要掌握的共有知识是专业知识。古人说得好，“知音说与知音听，不是知音莫与谈”。如果对方不是知音或者说不懂行，你与他谈，就是对牛弹琴。语言学专家只有与语言学专家谈语言学才能谈得投机，历史学专家只有与历史学专家谈历史才能谈得投脾气。如果一位语言学专家对一位历史学专家滔滔不绝地讲语言学如何深奥，历史学专家对语言学专家诲人不倦地讲他如何引经据典，那么，在很大程度上，只能是“一言堂”，对方是很难与其合作的，因为他们的交际缺乏必要的共有知识。

二、共有知识中的文化因素

文化的分类比较复杂，将语言与文化糅合在一起，则称为语言文化。与翻译密切相关的文化问题主要是跨文化问题，其次是由于历史的变迁而产生的跨时空文化问题。换言之，对与翻译密切相关的文化问题必须从共时与历时两个角度进行研究。翻译的共时文化问题主要是跨文化问题，翻译的历时文化问题，既有跨文化问题又有跨时空问题。共时角度的跨文化问题，主要指翻译所涉及的两种或几种语言文化之间的差异，即一种语言文化中有另一种语言文化没有或者虽有但有差异的语言文化现象。例如，日本人早晨起来有洗澡的习惯。我国基本上没有人这么做，即使有人这样做，也很不普遍。又如，日本的住宅中单门独院的整幢楼房很多，多半是两层或多层，一楼为客厅、厨房、卫生间，楼上为起居室等。我国虽然也开始建造这样的住房，但到目前为止仍很不普遍。这些是中日起居文化差异的例子。经济生活中，我国在相当长的一段时间内是以农业为基础、工业为主导的经济格局，发达国家则称它们自己为工业国，许多产粮大国的农牧业生产也工业化了。过去，我国的国民经济成分主要是国有经济，辅以少量的集体经济与个体经济。经过改革，现已形成以国有经济为主体，集体经济与个体经济并存的经济格局。过去，经济生产与经济生活都是政府行为，靠计划与行政命令来运作。现在，经济生产与经济生活已经基本上转变为企业行为，计划经济也逐步转变到市场经济的轨道中来。这是我国简略的经济体制及其发展轨迹。日本很早就实行市场经济体制，经济运作主要是企业行为，政府的职能主要是宏观调控。我国的政治体制与国外的政治体制也不尽相同。民俗文化中的例子更是不胜枚举。在日本，在高等学校从事教学工作的教师大多获得博士学位，只有少数例外，教授一般都带博士生；在我国，许多博士生导师由于历史原因都不曾有过攻读博士学位的机会，虽然近年来情况有所改观。相应地，许多高等学校为具有博士学位的教师制定了许多优惠政策，而许多教授虽然很有才华，但由于不是博士，享受不到这些特殊待遇。交流中涉及的另一个文化问题是跨时空问题。在两种语言文化中，既跨时空又跨文化的例子到处存在，笔者就不一一赘述。

三、共有知识与义素分析

要了解义素、义位这类术语的意义，不仅要了解音位、音素以及语素等术语的意义，还要了解义位与义素在汉语语言学中的意义。要了解这些，不是一堂课或两堂课就可以解决的问题。义素分析的基本原则有以下几点：

对等性原则。义素分析与一般定义一样，要遵守对等性原则，即分析出来的义素组合必须与义位的所指范围相等，不能过宽或过窄。如把“灯”分析成“照明的＋工具”，就范围过宽，因为“蜡烛”“火把”也是照明的工具。又如把“黑板”分析为“黑色的＋用于写字的＋木板”，就范围过窄，因为深绿色的玻璃板或水泥板也可是“黑板”。

系统性原则。义素分析必须在一定的词义系统中进行。如分析“父亲”这种亲属词的义素，就必须在表示亲属的词义系统中进行，将“父亲”与“母亲”“儿子”“女儿”等邻近的亲属词加以比较，找出它们的不同特征与共同特征，这样才能分析出各个词的义素。如果将“父亲”与“教师”“师傅”等非亲属词比较，就难分析出各自的义素。系统性原则是义素分析法的一个特点，它能系统地反映相关词义的区别与联系，而不只是孤立地解释某个词义。

依存性原则。一个义位的义素之间有依存关系。根据义素之间的依存关系，可以从一个义位的一种义素推知另一种义素。如“男性”“女性”这种义素依存于“人”这种义素；根据义位中的“＋男性”或“男性”可推知“人”这种义素；根据“哥哥”中的“＋同胞关系”可推知“亲属”这种义素。根据依存关系原则还可推断一种义素与另一种义素不可能组合，如“± 同胞关系”依存于“亲属”，那么“± 同胞关系”与“－亲属”不能在同一义位中相组合。

专业知识的积累对保证翻译交际的流畅是必要的，同样，文化知识的积累对保证翻译交际的流畅也是必不可少的。

第五节　跨文化交际中的共有文化与共有经验

语言的交流是一种交际，交际是以共有知识、共有文化和共有经验为基础的，跨文化交际与其他交际一样，也是以共有知识、共有文化与共有经验为基础的。本节主要针对跨文化交际中的共有文化和共有经验进行详尽的述说。

下面通过两个例子来说明什么是共有文化和共有经验。比如，甲问：“上哪儿去？”乙答：“王芬今天结婚，喝喜酒去。”甲回：“才十二点，就喝喜酒，太着急了吧？”乙无语……这个对话中，甲是安庆人，而乙是淮南人。在喝喜酒的时间问题上，安庆与淮南的风俗有所不同。安庆是晚上喝喜酒，淮南是中午喝喜酒。安庆人不了解淮南的风俗，听说中午十二点喝喜酒，感到莫名其妙；正因两人无共有民俗文化，所以淮南人因不熟悉安庆人喝喜酒的习惯，听安庆人说十二点喝喜酒太着急了也不知所云。再举个共有经验方面的例子。人们常说，“当家才知柴米贵，养儿方知父母恩”，这种说法是很有道理的。不当家，不知道当家的难处，对当家的所说的话无法理解，至少理解不透。没有生孩子的年轻人，也不知道父母的心情，要使他们理解自己的父母，除非他们有自己的孩子。

上面的例子充分说明在交际中如果没有共有知识、共有文化与共有经验，没有亲身经历、知识与文化方面的积累，交际是难以进行的，更别提跨文化交际了。

一、共有文化与跨文化交际

共有文化也是跨文化交际中值得认真研究的一个重大课题。共有文化是交际参与者之间共同拥有的文化与文化知识。一方面，跨文化交际中的译者必须与作者共同拥有一定的文化与文化知识，另一方面，译者必须与读者共同拥有一定的文化与文化知识。以日译汉为例，如果译者与作者都是使用日语的，他们就拥有共同的语言文化；如果作者是使用日语的，译者是使用汉语的，他也必须具备有关作者的日语语言文化方面的知识，否则就无法理解作品的字面意义，更无法理解作者的交际意图。同理，译者与读者之间也必须共同拥有必要的日本文化与文化知识，否则译文文本就无法为读者所理解。如果作者是使用汉语的，译者是使用日语的，那么他必须具备必要的汉语言文化知识；如果译者是使用汉语的，那么他就与读者共有一定的汉语言文化与汉语言文化知识。但这还不够。因为翻译交际的表层是译文作者与译文读者的交际，他们之间还必须具备一定的共有文化与共有文化知识，否则交际仍无法进行。如何使他们之间具备一定的共有文化与共有文化知识则是翻译的任务。应该看到，世界各地的不同肤色、不同种族的人之间虽然有许多差别，但也有许多共同之处。例如，全世界的人都是白天工作夜晚休息，全世界除少数原始部落都实行男婚女嫁制度，全世界的人们都生活在一定的国家里，这些国家的政治制度虽不尽相同，但组织形式大同小异。在生产与生活中，大家都有许多共同之处，这些共同之处是人们共有文化的一个组成部分，翻译交际在很大程度上正是依靠这些共有文化取得成功的。但是，这些固有的共有文化只是翻译所涉及的文化的一个部分，令译者头痛的是各民族之间的语言文化差异。

二、共有经验与跨文化交际

要使跨文化交际得以畅通，交际双方必须拥有一定的共有经验。要弄清楚什么是共有经验，得先弄清楚什么是经验。《现代汉语词典》将经验定义为：由实践得来的知识或技能和经历。在定义的基础上，我们可以将共有经验定义为交际中交际参与者所共同拥有的经验。在语言学中，索绪尔将语言分为语言与言语，乔姆斯基则将语言分为能力与使用能力，海姆斯在他们的基础上划分出交际能力与交际实用能力，这些都是语言学界人人皆知的，但是，他们都没有谈及经历。

经验可定义为个人经历和个人知识与文化方面的积累，接下来的讨论将根据这个定义进行。从个人经历来看，翻译交际中的参与者之间如果具有相同或类似的经历，则跨文化翻译交际就会非常流畅，否则交际就会受到阻碍。当翻译的东西与自身的经历有共鸣的话，读起来会格外亲切，译起来也会格外得心应手。也就是说，翻译交际的参与者之间两两具有共同经历，不是二者都具有共同经历。翻译中最佳的情况当然是所有的交际参与者都具有共同经历，但是这种情况是不多见的，两两具有共同经历的情况则是常见的。同时，必须指出，在翻译交际中，关键是译者必须与作者和读者具有共同经历，否则，即使是作者与读者具有共同经历，也是枉然。因此，翻译需要知识与文化的积累也是不言而喻的。

三、共有文化与共有经验在跨文化交际中的意义

我们将文化视为语言文化，将经验定义为个人经历和个人知识与文化的积累。一般来说，在跨文化翻译交际中，参与交际的各方必须共同拥有交际所必需的知识、文化与经验，否则交际就无法进行。拥有共同的知识、文化与经验，交际参与者就可以在此基础上，精练地进行交际，否则言辞就会十分累赘；有了这些基础，交际参与者就会心有灵犀一点通，否则交际就会受阻。在翻译交际中，所有的交际参与者都拥有共同的知识、文化与经验，固然是最理想的，然而，这样的情况并不多见。由于翻译是跨语言、跨文化、跨时空的交际，翻译交际的所有参与者不会也不可能都拥有共同的知识、文化与经验，否则就无须翻译了。但翻译交际中的中心人物——译者则必须与作者和读者拥有交际所必需的共有知识、共有文化与共有经验，否则交际就无法进行。这意味着，在翻译交际中，一方面译者要量力而行，在自己可以选择翻译材料的时候应注意不要选择那些超出自己的知识、文化与经验的材

料；另一方面，也应该看到，翻译中遇到这样或那样的难点是常有的事，翻译的困难一般不在于理解之后找不到合适的词语去表达，只可意会不可言传的事虽然也很常见，但如果真的理解不了还是可以找到适当的词语去表达的，可以绕道去表达，也可以采用增加注释或其他办法将意义说清楚，问题在于是否真正地理解了。如果有的地方没有听懂或没有看懂，就要勤查勤问，查阅有关资料与工具书，问那些具有这方面知识、文化与经验的人，甚至要不耻下问，切不要自以为是。所以笔者认为，共有知识、共有文化与共有经验，不仅仅是为了更好地描写翻译的本质与过程，更重要的是使描写交际翻译学的理论框架具有更强的解释力。例如，严复为什么使用他独有的策略来翻译《天演论》呢？其他译者为什么采用他们那种独特的方式来翻译呢？其中当然有个人的倾向，但共有知识、共有文化与共有经验是译者决定翻译策略的基础。翻译一部作品，对作者一无所知，对作品一无所知，就没有资格去翻译；翻译一部作品，对读者一无所知，也没有资格去翻译。

经验对阅读也很重要，例如大家在阅读《红楼梦》时，每个人的感受是不一样的。那"太虚幻境"到底如何理解，有生活经验的人很可能会结合自己的经历来理解，没有生活底蕴的人，恐怕是无法理解的。作为经验的知识与文化方面的积累，与经历有着不解之缘。之所以这样说，是因为经历的积累实际上也是知识与文化积累的一个组成部分。毛泽东主席曾经说过，人不能事事亲身经历，因而将知识分为直接知识与间接知识，后者指那些从别人那里得来的，从书本或其他渠道得来的知识，应该说，也包括文化知识。知识与文化的积累，既有直接的，也有间接的。由于笔者上面讨论了经历，又由于经历都是直接的，因此下面的讨论将以间接的知识与文化的积累为主。

翻译本身必须具有一定的经验。笔者仍记得第一次给日立公司翻译压缩机使用说明书的情景，当时可以说对于机械类一点经验也没有。于是，找来了一些翻译理论和专业书籍。因为笔者第一次读到的翻译理论就是"信、达、雅"，于是就逐字逐句地翻译，译完之后，将有关的名词术语与汉语专业书籍上的名词术语进行对照，并参照汉语的名词术语加以更正。本以为这样的翻译一定是译得不错的。译完之后自己一读，才发现汉语读起来不像汉语，也就是说，译文只有懂日语的人才能看得懂。翻译本来就是译给不懂外语的人看的，这样翻译能行吗？带着这个问题，笔者将译文交给了教专业课的教师，请他们看看。他们中有的懂日语，动了几个句子。笔者拿回来仔细一琢磨，悟出点道理来，于是，对译文进行了大幅度修改，最终顺利过关。后来，在翻译文学作品时，如果是日译汉，就看些相应的汉语文学作品，如果是汉译日，就看些相应的日语文学作品。笔者的翻译就是这样"上路"的。这里面有自己的亲身经历，但主要是汲取间接知识以补充自己的经历。当时认为，翻译要摸索，现在才弄明白，寻找专业书籍、求助专业课教师都是在补充自己的知识与文化积累，以便与自己的读者共有必要的、使交际得以畅通的经验。

共有知识是翻译的必要条件。经常会遇到这样的情况，一个日语专业的大学生毕业被分到一所本科院校教日语。没过多久，就有许多人来找他翻译各种专业的论文摘要，有的甚至让他翻译准备出席国际会议的论文。这些人又分三种情况。有的直接拿来汉语的论文摘要或论文，有的提供了部分专业术语，有的拿来了他们自己翻译的论文摘要或论文初稿。他们都想当然地认为日语专业毕业的学生，翻译这种浅显文字不会有问题，尤其是后两种人，他们认为，提供了专业术语或初译，剩下的就只有语言问题了。其实，他们的想法是完全错误的。各种专业的论文摘要或论文的上下文语境，不是纯粹的语言问题，还有专业知识问题，没有必要的专业知识，就理不清上下文之间的逻辑关系。理不清上下文之间的逻辑关系，就无法翻译成恰当的外语。

第五章　创新思维与创新性学习

第一节　学习的基本内涵

人的一生，从咿呀学语，蹒跚学步，到寒窗苦读，走上工作岗位，期间的每一次进步，都离不开学习。学习、求知滋养人的精神和意识，如同水和食物维系肉体的生命一样重要。所以我们说，学习是人生一道最长、最美的风景线。

学习，在汉语中实际上是两个概念，即“学”与“习”。“学”，在许慎的《说文解字》中作“觉悟”解；在《现代汉语词典》中作“学习”“模仿”“学问”等解。“习”，在许慎的《说文解字》中作“数飞也（鹰频频起飞）”解；在《现代汉语词典》中作“温习”“对某事物常常接触而熟悉”“习惯”等解。把“学”与“习”连起来，构成一个概念，应首推孔子了。《论语·学而》第一句话，就是“子曰：学而时习之，不亦乐乎？”孔子在这里所说的“学”，是有所指的，即指读书，学自西周以来的“诗、书、礼、乐、射、御”等古代文化典籍。而他所说的“习”，也是有所指的，即演练，演习“礼”“乐”，复习“诗”“书”等。孔子认为，学了“诗、书、礼、乐”等，又经常演练、复习它，实在是人生中一件非常愉快和高兴的事儿。由此可见，所谓学习，就是指从阅读、听讲、研究、实践中获得知识或技能。

毛泽东同志曾说过：“情况是在不断地变化，要使自己的思想适应新的情况，就得学习。即使是对于马克思主义已经了解得比较多的人，无产阶级立场比较坚定的人，也还是要再学习，要接受新事物，要研究新问题。”毛泽东向我们指出了人的适应性与学习的密切关系。

人只有不断地学习，才能不断地适应外部环境，学习一旦停止，“适应”也就停止了，于是危险的情况就有可能出现。主体的适应性最突出地表现在主体审时度势，顺应已经变化了的生产斗争、社会斗争和科学技术状况，改变自己的学习、思维方式，站在时代的高度和历史的前列，发挥思维的能动性和创造性。学习、思维方式是历史范畴，每个时代都有与之相适应的学习、思维方式。只有了解它，掌握它，才能成为时代的主人。

第二节　学习的心理基础

学习心理，是指人们在学习过程中的心理反应、心理特点及其活动规律。学习心理研究的主要内容是掌握知识、形成技能、发展思维能力等方面的心理学问题。

人类的任何一种智慧活动，包括学习在内，都有多种心理因素参与。这些心理因素一般分为两个系统，一是认知性心理机能，即人们常说的智力因素；二是非认知性心理机能，即人们常说的非智力因素。

认知性心理机能系统即智力因素，在智慧活动中具有直接参与对客观事物的认识和处理各种内外信息等具体操作的机能。非认知性心理机能系统，即非智力因素，对智慧活动起着动力、调控、维持、强化、导向等作用。智力因素和非智力因素在学习中的作用和影响还需要具体进行分析和研究。

一、智力因素：学习的必要条件

智力这个词，作为日常概念人们并不陌生。通俗地讲，智力就是指一个人是否聪明，脑筋灵不灵。但若要给它下一个科学的定义，就不那么容易了，这是一个长期争论而且众说纷纭的问题。归结起来，大致有以下几种观点，即“智力是抽象思维的能力”“智力是学习的潜能”“智力是适应环境的能力”“智力是分析问题和解决问题的能力”“智力是创造新事物的能力”，等等。不管哪种观点，都不否认智力是一种以人脑的神经活动为基础的偏重于认识方面的潜在能力。

我们抛开智力的定义，从操作的角度讲，智力包括注意力、观察力、想象力、记忆力、思维力，其中思维力是核心。有人形象地把它们之间的关系比喻为：注意力和观察力是智力的窗户，外界的一切信息只有通过注意和观察才能源源不断地进入大脑；想象力是智力的翅膀，好比空气，只有两者结合，智力才能像矫健的雄鹰翱翔万里；记忆力是智力的仓库，只有这个仓库中储存的信息丰富充足，智力这座工厂才能很好地进行加工；思维力是智力的核心，其他因素为它提供加工的信息原料和活动的动力资源，如果没有思维力，人脑这一加工机器将无法运转，信息原料和动力资源都将是一堆废物，也就是说必须有思维力的参加，才能发挥其应有的作用。

在创新活动中，智力因素中的基本因素是作为一个完整的整体发挥作用的。一名智力优异者，其观察力、记忆力、思维力和想象力都应该是优异的。如果只是某一方面优越（如记忆力），而其他方面都较差，那么他在创新活动中所发挥的作用将是极其有限的，在千变万化的现实世界中，不会有什么出众的创新行为。

智力因素中的基本因素，在创新活动中承担信息的接收、加工、处理任务，它们是创新活动的执行者和操作者，是创新活动的操作系统。学习本身是一种智慧活动，所以智力因素与学习有着十分密切的直接联系，学习就是通过智力活动感知客观世界，积累经验，掌握科学知识，解决各种各样的问题的，从而认识客观事物的本质及其变化规律。一般来说，智力水平的高低直接影响学习的效率和质量，智力因素发展的水平高，知识才能学得深、学得透、学得活、学得牢。

人的智力是在遗传素质的基础上、在环境的影响和教育的主导作用下，通过人积极主动的实践活动而形成和发展的。所以智力水平的高低既有先天的遗传因素，也有后天的环境影响和教育开发的因素。先天的因素决定一个人的智力潜能有多大，而后天的因素决定一个人是否能够充分开发自己的智力潜能、达到自己智力潜能的上限。一个具有智力开发潜能的人，如果后天的环境影响和教育开发不够，他的智力水平不一定很高，所以后天的智力潜能开发对每个人来说都十分重要。

研究表明，人的智力发展不是直线递增的。一般来说，智力是随年龄的增长而增长的；但到一定年龄时，智力便趋于停滞，并保持较长时期的稳定；而后又随年龄增长而下降。研究结果表明：婴儿从出生到5岁智力发展最快，5～10岁智力发展速度虽不如5岁以前，但仍有很大的增长，10～15岁智力发展速度减慢，14～16岁以后智力发展成熟。在对成人的测试中发现，20～34岁为智力发展的高峰，以后缓慢下降，60岁以后迅速下降。青年学生正值智力发展的最佳时期，所以要利用学校良好的学习条件，充分发展自己的智力。

发展智力，也就是发展集中的注意力、敏锐的观察力、良好的记忆力、丰富的想象力、敏捷而有创造性的思维力。上述智力因素如果能够得到很好的发展，学习的效率和质量就会得到很大的提高。

二、非智力因素：学习的充分条件

在学习心理中，对于非智力因素的科学认识，在西方心理学界是从其对智力测验成绩的影响开始的，而在我国，非智力因素的提出是在教育实践中，在单纯“开发智力”遇到困难的背景下提出来的。在此基础上有人开始研究非智力因素与成才、学业成绩的关系。

非智力因素的确切含义是什么呢？目前在学术界，对非智力因素还没有一个统一的定义。一般而言，对非智力因素可以从广义和狭义两个方面来理解。广义的非智力因素包括智力以外的心理因素、环境因素和生理因素。狭义的非智力因素是指那些不直接参与认识过程，但对认识过程起直接制约作用的心理因素，主要包括动机、兴趣、情感、意志、个性（气质、性格）等，其中个性是核心。在心理学研究中所讲的非智力因素，多指狭义的非智力因素。

非智力因素不直接参与认识过程，也就是说在认识过程中，它不直接参与对机体内外信息的接收、加工、处理等任务。非智力因素对认识过程的直接制约，表现在它对认识过程的动力作用和调节作用上。

有人以为学习仅仅是一种智力行为，学习成绩的好坏只与智力水平相关，实际上这种看法是不正确的。在包括学习在内的创新活动中，除了智力因素以外，非智力因素起着动力、导向、调控、因果的作用，其是创新活动的推动者和调控者。

在创新活动中，智力因素决定一个人能干不能干，非智力因素决定一个人肯干不肯干，至于干得好不好则由智力与非智力因素共同决定，对于一般人来讲，主要由非智力因素决定。一个对学习不感兴趣，又缺少刻苦、勤奋学习精神的人，他的智力水平再高，学习也不会取得好成绩。

大量研究表明，智力因素和非智力因素都会影响学习效果。在智力水平相当的学生中，非智力因素优秀的学生，其学业成绩都高于非智力因素不良的学生的学业成绩；智力水平中等，但非智力因素优秀的学生的学习成绩会超过智力水平较高，但非智力因素不良的学生。

有的研究还表明，在学习成绩较好的学生之间，学习成绩的差异与智力因素水平关系较大，而与非智力因素几乎没有什么直接关系，因为学习成绩较好的学生，他们的非智力水平一般都比较高。在学习成绩较差的学生之间，学习成绩的差异与非智力因素水平有显著关系，而与智力水平关系较小。也就是说，导致这部分学生学习差的原因，主要不是智力差异，而是非智力因素的差别，即缺乏学习动力、学习热情和学习毅力。这些都说明非智力因素对学习起着非常重要的作用。

非智力因素不仅在学习中起着重要作用，而且与创造力有着密切的关系。日本心理学家曾对日本1000名有突出成就的科学家或发明家进行调查，结果发现，这些人都具有与众不同的心理特征。他们具有恒心、韧劲，甚至在希望渺茫的情况下，仍然坚持到底。他们从童年时代起就具有强烈的求知欲、鲜明的独立倾向性和独创精神，凡事有主见，雄心勃勃，肯努力，不甘虚度一生，他们精力充沛，干劲十足。显然这些非智力因素在其创造发明活动中起了特别重要的作用。伟大的科学泰斗爱因斯坦幼年时的智商并没有预示他是科学天才，他的成功离不开他所具有的良好的非智力因素。这些充分证明了成才的过程是一个智力因素与非智力因素相互影响，又以非智力因素起决定作用的过程。

非智力因素与智力因素不同，在创新活动中，非智力因素的诸多基本因素各自发挥其作用，某一基本因素水平的高低不一定影响其他基本因素的水平。而且在非智力因素中，只要其中某一种或几种基本因素有突出发展，就可以在创新活动中取得成功。此外，智力因素在很大程度上由遗传决定，而非智力因素则主要是后天“习得”的，所以优化非智力因素主要在于后天的培养。大学生要想使自己成为具有创造精神的优秀人才，就要努力培养自己的非智力因素。

第三节　学习的基本规律

万物皆有规律，学习也概莫能外。所谓规律，即事物内部固有的、本质的、必然的联系及其发展趋势。作为学习活动的基本规律，也就必然要反映学习活动诸要素与学习过程各阶段之间的本质联系和必然趋势。大体来说，学习中的基本规律主要包括以下几个方面。

一、记忆储存规律

记忆是人脑的一种机能，是脑活动的产物。如果从信息论观点来解释记忆，那么记忆实际就是信息的输入、储存、提取、应用。记忆是以识记、再认和重现的方式对知识经验的反映。

人的记忆不是杂乱无章的，是有规律可循的。

其一，需要记忆的材料多，会给记忆带来困难，不易保持。这是已被实验证明了的。所记忆的材料的多少一定要适当。如果材料较多，可以把材料分成若干小段，分别记忆。

其二，有意义的材料比无意义的材料容易记忆，保持的时间也持久。有人做过这样的实验：让人背诵 80 个字的诗和 80 个不相关联的字，结果是前者只需 8 次，而后者所需要的次数竟是前者的 10 ～ 80 倍。因此，为了减少记忆困难，可以把无意义的材料通过某种方法变成有意义的材料，这样便容易记忆了。

其三，记忆一般不是一次完成的，需要多次反复强化。很多人可能都有过这样的体验：只读一次书，其内容会很快忘掉，而反复看几遍，就可以记住了。

其四，对材料的熟记程度影响人的记忆。熟记，即反复学习材料达到超过仅仅可以回忆的程度。反复学习可以加强熟记，因为反复学习使头脑中知识的联系痕迹越来越深，保持得就越牢固、持久，但是，重复次数超过一定的限度，反而会使效率递减。

其五，已获得的知识是学习新知识的基础。新旧知识之间存在着这样那样的联系。新知识的获得都是从原有的知识发展而来的，学习时应该把新知识纳入原有知识结构的系统中，这样就可以减少材料的复杂性。

二、思维提升规律

所谓思维，是指人对事物的本质及其发展规律的认识，思维，说白了就是想。它是人脑的一种机能。孟子说："心之官则思。"就是说，头脑这个器官是用来思考的。人的脑子越用越灵，不用反而会加速脑细胞的衰老。所以，保护大脑最好的方法应该是经常使用。

"学而不思则罔，思而不学则殆。"孔子的这句至理名言深刻地论述了学习与思维的辩证关系。一定要注意思维的间接性和概括性的特点。这两个特点决定了思维具有认识事物本质属性及其发展规律的作用。思维的间接性是思维活动对事物的间接反映，即通过头脑加工，迂回地认识了事物的一些本质和规律后，再以这些知识为经验，间接地推知人类未曾目睹过的事物的存在和不能感知的情况。例如，看到门没有上锁，推想屋里可能有人；看到天空乌云密布，电闪雷鸣，推想可能要下雨。思维的这一特点，可以帮助人们把握现在，预见未来，对认识和改造客观世界，对遵循规律搞好社会建设都是十分重要的。

思维的另一特点是概括性，即从多次感知的事物中概括出一般结论，使之反映一类事物的共同的本质属性及其规律。例如，我们知道水是由H_2O构成的，那么，我们就知道了井和江、河、湖、海中的水都是由H_2O构成的。这样，通过思维的概括性，我们的认识范围就大为扩宽了。

牛顿说："如果说我对世界有些微贡献的话，那不是由于别的，而是由于我的辛勤耐久的思索所致。"科学史上的无数巨人之所以比同时代的人站得高，看得远，就在于他们观察事物不是浅尝辄止，不是停留在表面的感性认识阶段，而是善于思索、勤于琢磨，逐渐上升到更高层次。

三、继承累积规律

所谓继承，我们认为有狭义和广义之分。从狭义上讲，继承是指师生或师徒之间在思想体系、理论观点、道德观念、工艺技术、艺术技巧、研究方法等方面的认识、继承或丰富、发展，是对科学文化知识成果的批判、吸收、继承、发展和完善。

汉朝哲学家王充在《论衡》一书中说："不学自知，不问自晓，古今之事，未之有也。"此话一点不错，人非生而知之，都是学而知之。人要有知识就得学习，而要学习就得学习前人的知识和经验，离开人类文明的大道，一切从头开始探索，既没必要，也不现实。

学习是一个循序渐进、不断积累知识的过程，绝不是一蹴而就的。不积跬步，无以至千里；不积细流，无以成江河。

人类的所有知识都是不断积累的结果。人类的学习史告诉我们，人类早期只能掌握简单的适应生存环境的经验常识。经过漫长的岁月和不断实践，随着人类食物结构的变化，脑容量增加，人类认识世界的能力进一步提高，人类找到了改造世界的方法，形成了新的经验系统。在这一学习过程中人类的经验不断得到充实，内容不断增多。

学习过程还是知识经验不断积累、从量变到质变的过程。知识经验积累到一定程度，就会使学习主体的智力产生质变（飞跃），进入一个新的层次；然后，在新的层次上再积累并再发生新的质变……所有发明创造、科研成果、好著作、好论文、好思想，都是这种飞跃的结果。没有量的积累就不会发生质变。但知识的积累应该有所选择，有所侧重，并有先进的方法作指导，这样才能产生较好的效果。

四、环境制约规律

人作为学习主体受制于他所处的社会环境。从大的方面来讲，社会生活安定，社会风气良好，经济秩序稳定，都会使学习主体心理上的安全感和荣誉感增强；来自外界的干扰少，就会促进学习的发展。

从学习的主体来讲，经济生活困窘，人际关系恶劣，就会影响学习的效果。另外，社会为学习主体提供的学习条件，如师资力量、教学实验手段、校园环境、娱乐设施等，也可直接影响到学习的效果。

人作为学习主体受制于他所处的自然环境。人不仅是社会的人，而且是自然的人。作为自然的人，首先，必须学习适应环境、利用环境和改造环境。人在受环境制约的同时，还必须向环境学习。不同的环境条件，规定着人们不同的学习方向。其次，人的学习受自然性规定的遗传因素和大脑构成等生理因素的制约。遗传学研究表明，染色体异常病变患者，同正常人之间的智力差距是十分明显的，学习的困难程度也显而易见。大脑组织的损伤，更对学习者有直接的影响。最后，人的学习还受到人自身的自然属性的制约。适当的睡眠是发展智力的重要条件，睡眠不足或过多，都会影响人体内蛋白质、脂肪和糖的新陈代谢，影响大脑重复组合整理摄入信息的功能，对学习效果也会产生不同程度的影响。

当然，人和动物不同，人具有独特的能动性、创造性，人不但能适应环境，还能利用环境、改造环境。环境对学习有明显的制约作用，但是良好的学习环境要靠人去争取、去创建，顺境可以使人成才，但如果身处顺境不勤奋、不进取，也会成为庸碌之辈。而身处逆境奋斗不息，追求不止，终成大业的伟才者也举不胜举。

五、知行统一规律

学习的本质是知行统一。古今思想家、教育家都很强调学习的实践意义。孔子主张言行一致；荀子更是重行主义者，认为“行之，明也”；朱熹指出，“学习之博，未若知之之要；知之之要，未若行之之实”。这是强调，学懂了，还不如去实行来得切实际。明代思想家王守仁更是明确指出，真正的知识就是为了用以实践的，不能付诸实践的不足以叫作知识，即“真知即所以为行，不行不足以谓之知”。王夫之在谈学习的本质时说，只有在实践的基础上努力学习才能达到对事物的深刻认识；真正做学问的人，从来没有离开行去求知的。

知与行是学习过程中的一对矛盾，“行可兼知，而知不可兼行。”就是说，行可以包括知，而知却不包括行。人们的学习不只是为了单纯获知，更重要的是落实到行上，落实到改造世界的实践上，因为学习的目的在于应用。

今天的学习，显然有了更深层的发展。今天的学习更注重思和行的统一，更在意创新性学习。传统的知识积累型的学习已意义不大，创新、发展和应用更为重要。今天的学习已与人的生命过程融为一体，与人的任何时间、任何阶段、任何活动都紧密相连，已成为人类社会的组成细胞。所以，从某种意义而言，学习已成为今天人类生活和发展的第一需要。

第四节　传统学习方式的弊端

我们已经昂首迈入21世纪。但是，反观我们的学校教育，仍然有许多需要反思与检讨的地方。一个不容忽视的现象是，现今我们的学校基本上还停留在智育至上、考试至上、分数至上、满堂灌、填鸭式的教学之中，学生还深陷在死学、死背、一切为了考试的怪圈之中。

应试教育的严重后果，是赋予基础教育所不应有的强烈的竞争性和筛选功能。用层层考试的办法，选出一小批“优胜者”，从而使绝大多数学生成为教育的失败者，打击和挫伤他们的自尊心、进取心，乃至使他们失去学习的兴趣和动机，丧失探索新事物的能力。

这与“学会学习”的现代教育理念恰恰是背道而驰的。批判和改造陈旧的传统教育以及与之相适应的学习方式，是我们面临的紧迫的课题。与传统应试教育相对应的学习方式主要有以下特征：学习目标是继承性学习；学习要求是模式化学习；学习内容是注重知识学习；学习原则是崇尚理论，学习方法是死记硬背；学习评价是分数多少；学习效率是慢速低效；学习时间是依次学习；学习空间是校内近距离学习。著名物理学家杨振宁先生尖锐地指出了传统教育与学习方式的弊端：“中国教育方法（东方的传统）是一步步地教，一步步地学。传统教学方法训练出来的小孩子，可以深入地学到许多东西，这对于他进大学考试有许多帮助。但这种教法的主要缺陷是学生只宜于考试，不宜于做研究工作，因为研究工作所要走的路与传统的学习方法完全不一样。传统的学习方法是人家指出来的路你去走，新的学习方法是要自己去找路。”

传统学习方式的这些特征，显然是不能适应现代社会的需要的。具体说来，这种不适应主要表现在以下几个方面。

传统学习方法不科学，不利于发挥人类学习的潜力。心理学家的研究表明，人类的大脑细胞真正发挥功能作用的仅占总数的十分之一，还有很大的潜能没有开发出来。这种状况和传统的学习方法有关。在传统学习中，强调“刻苦”的精神和机械的方法。考查评价以记忆内容的多少为主要指标，特别是崇尚理论知识，忽视动手操作能力和解决实际问题的能力。长期如此，就导致大脑两半球发展的失调。1981 年因研究大脑功能和结构有重要贡献而获得诺贝尔生理学奖的美国斯佩里博士的研究证明：大脑左半球同抽象思维、语言、计算、书写、分析等活动有关，分管说、写和数学计算等活动；而大脑右半球则在形象思维，如对空间的认识能力、对复杂关系的理解能力、整体综合能力、直觉能力和想象能力等方面胜于左半球。因此，人的才能既与左脑功能密切相关，又与右脑功能密切联系，只有大脑左右两半球得到平衡发展，两半球的活动密切配合，人的才智才能得到高度发展。但是在传统的学习方式中，所有活动偏重于左脑，致使左脑使用过多，负担过重，易于疲劳，影响学习效果。而右脑使用过少，负担不足，得不到像左脑一样的充分发展，起不到应有的重要作用，这就造成人的大脑左右两半球的使用和发展的失调，阻碍了人们的学习潜力的发挥和才智的增长，这是人才资源开发上的“误区”。为了加强右脑的发展和左右两半球的密切配合，就不仅要对传统的学习方法、手段以及休息娱乐与学习的安排方面进行调整，也要对传统的“学习质量”观念、“刻苦”观念进行反思，使之日益科学化，使学习过程和人潜能的充分发挥统一起来。

传统学习内容单一，不适应社会对人才素质的要求。我们处在一个竞争的时代，一切竞争归根结底是人才质量的竞争。

适应未来社会发展需要的人才，不仅要学会继承性学习，而且要学会创新性学习。学生应该具备以下心理品质：对现有知识和流行的、传统的观念不满足；对别人现成的结论不轻信；对客观世界抱有怀疑态度；对未知的知识领域乐于施展才智去寻找答案；富于幻想，敢于大胆假设，勇于冒险，善于抓住时机不放；有敏锐的观察力和批评性的评价能力；有随时准备以自己的才智迎接和克服困难的精神；有百折不挠、坚忍不拔的毅力，有责任心、自信心和自尊心；具有广泛的兴趣，对创造性的劳动具有满腔热情。学生只有具备了这些心理品质，才会创造性地学习，将来也才会创造性地从事工作。创新性的心理品质是未来人才所应具备的基本素质。据统计，一个受过高等教育的人，一生中所掌握的知识，仅有10%是在大学学习中得到的。一位研究生在谈到这方面的体会时说：“大学学习中我们应该重点得到什么？我觉得首先是得到科学的培养和训练，使自己逐步具备自觉、自我更新知识和进行科学工作的能力；其次才是初步选择未来的研究方向和建立与之相适应的知识结构。”扩展开来说，任何一种一次性的学习，都不会为任何一个人准备好终身所需的全部知识和能力。个体如此，整个人类也是如此。因而，那种具备科学的思维方法，善于根据具体情况灵活地利用各种知识，独立地分析问题和解决问题的素质，是现代人员重要的素质。专家预言：未来的“文盲”将不再是目不识丁的人，而是一些没有掌握学习方法，不会自己钻研问题，缺乏预见能力的人。世界著名的学者奥本海默说得好：“对现在和未来，方法比事实更重要。”传统学习的内容偏重于知识的学习，强调对前人所创造的知识体系的继承，忽视对前人发明、发现过程规律性的揭示，忽视方法的学习和能力的培养；偏重于知识的积累，忽视知识的应用和创新。学习内容上的这种片面性，决定了人们解决问题的局限性。

学习方式效率低，无法承受信息社会知识激增的压力。国外一个著名的学术团体曾对人类学习问题进行了专门研究，他们在1979年发表的研究报告中指出：当代人们学习的不足，集中反映在现代化社会知识更新速度的加快和总量的激增与传统学习效率很低的矛盾上。新一代的社会成员，不仅仅要了解人类已经创造出来的知识经验，更要了解正在探索和创造中的知识。人类新的发明、发现，正以惊人的速度上升。进化论创始人之一华莱士曾统计

19世纪的重要发明创造，比以往各世纪的总和还要多；而20世纪又远远超过19世纪，特别是近几十年的尖端技术，如电子计算机、原子弹、氢弹、宇宙飞船、人造卫星、遗传工程、基因工程、人工智能等，都远非前人所能想象。在基础科学方面，物理学已深入基本粒子的更深层次，生物学进入分子、亚分子的研究，天文学则把人类的视野扩展到120亿光年以外的遥远星系。随着认识领域的扩大和认识层次的深化，所能提出的问题也就越多，从而需要探索的未知世界也越来越宽广。新的学说如雨后春笋般出现，新的信息如浪潮般汹涌而来，如果没有一种高效率的学习手段，将怎样及时地接纳和处理这浩如烟海的知识信息呢？知识无限，生命有涯。要有所作为，必须千方百计提高学习效率。

毋庸讳言，传统学习方式应该到了终结的时候了。我们应该深刻地认识到学习是人类永恒的课题，是每个人终身的任务。学会学习是时代向人们提出的普遍要求。

第五节　面向未来的学习观

学习观，就是人们在长期的学习过程中对学习形成的看法或认识。在传统的学习方式中，维持性学习占有主导地位。所谓维持性学习，就是通过学习去获得原先已经确立的观点、方法和原则，以对付已知的或重复发生的情况。这种维持性学习，是面向现在甚至过去的，它很少考虑未来的要求。这种学习有一个很大的特点，就是它认为凡是智慧都来自过去，因此，学习的内容或者说它的课程设计，不是基于人类社会发展的需要，也不是基于对未来的把握，以及对生活瞬息万变的社会中的人们需要掌握哪些技能的认识上，而是把学生学习活动的全部出发点都放在升学就业的需要上，长期以来，人们认为是理所当然的，学习就是如此。因此，这种学习观对学习的认识又带有很强的维持性色彩。

但是在当今世界上，全球问题体现出来的对人类的挑战，使人类的学习也面临着严峻的挑战。在这种情况下，如果人们仍然持有传统的学习观，仍然把人类广泛而深刻的学习活动局限在学校内部，仍然哪怕是在最低的程度上认为学习还是被动的，并且是为已知的重复的情境做准备的话，那么，人类的学习只能使人类走向更大的危机。因此，必须抛弃这种传统的、陈腐的学习观，树立新的能适应人类发展需要的学习观。

一、树立开放式学习观

开放式的学习观，具体内涵是：承认一切学习的价值与作用。它并不贬低在学校里学习的作用与意义，它认为，学校教育仍然是人们的一种基本的学习途径，是一种获取知识、促进学习的正式而有效的手段。当然，它希望学校里的学习能够包括人们生活经验的各个方面。但是，即使如此，它也并不认为在学校里的学习是人们学习知识的唯一途径。恰恰相反，在学校里学习只是学习的一种重要形式，而不是唯一的形式。在当代以及未来社会中，人们必须随时随地进行学习，必须利用各种形式，通过各种途径进行学习，终身学习应该成为每一个人的必需和可能。这是社会发展的要求，也是回答未来挑战的有效措施之一。如果说这样的学习是一种方式，那么，学习既是获得知识又是生活的一种方式；如果说它是一个过程，那么，它就是伴随着人的一生并时刻为其对付新的形势做好准备的过程。

二、树立自主性学习观

这种自主性学习，主要包括以下几个方面：首先，它强调所有的学习活动都应该建立在学习者主动需要的基础上进行。它要求一切外在的对学习的影响和要求，都必须以启发学习者内在的学习需要为目的，并要求保证学习者在学习过程中的主体地位。其次，它还强调学习活动应该在不断的探索中进行。探索既是学习新知识的一种有效方法，又是学习自觉性的有力表现。它坚持反对那种灌输的办法和把学习者当作装知识容器的理论。因为那样只能使学习者学习的热情和创造才能被压抑乃至被扼杀。最后，它强调学习者学习的自主性在个人发展中的巨大作用。也就是说，它认为学习者学习自主性的积极意义并不只限于学习活动这一个方面，而是对他在其他方面的发展也有着重要影响，即个人成为他自己文化进步的主人和创造者。

三、树立创新性学习观

创新性学习不是以解决已经发生的问题为出发点的，而是以解决未来的或将要发生的问题为出发点的。在这里，学习是训练适应新情况的过程。这样一来，这种创新学习就有两个主要特征。其一是预期性。预期性的本质在于选择合乎需要的事件并朝实现这些事件的方向努力，在于注视不需要的或具有潜在危险性的事件，在于创造新的选择。也就是说，预期性学习能发展人们面对新的、可能是没有前例的情况的能力。一句话，所谓预期性，就是强调创新学习面向未来的特点，就是强调这种学习是从未来的需要出发的，并以达到解决未来事件的变化为目的。这样，它就与传统的维持性学习有着根本的不同。其二是参与性。参与性强调了学习者在学习以及社会生活中的主动性。个人通过参与社会活动的方式来学习，而社会则通过团体和个人参与社会活动的方式来发展。衡量一个人创新性学习潜力的一个重要尺度就是他对社会活动有效参与的程度。新的学习观突出创新学习的目的不但在于要学习那些未来有力地证明是必需的东西，同时还要在学习过程中创造新的方法、技术、观念和新的知识，在创新的同时学习者也创造了自己的创造力、适应能力以及自己的未来形象等。

至此，我们可以发现，与传统的学习观不同，新的学习观是一个开放的学习观，它承认人类所有知识的价值，又不满足于已有的知识。新的学习观强调学习的自主性，反对在学习问题上的任何灌输和强迫行为。新的学习观是面向未来的学习观，它强调人类的所有学习活动都应该是为解决未来的不可知的事件做准备的活动。新的学习观把学习这一概念提高到一个令人瞩目的、前所未有的高度。新的学习观还强调自学在人们学习活动中的地位，承认自学的应有价值。新的学习观认为，自学是人们学习活动中的重要组成部分，是人们学习活动的一种不可缺少的形式，是终身教育的一个新的强有力的范畴。

第六节　学会学习的艺术

一、学会自学

自学，即独立学习，是相对于学校正规系统的教学而言的。自学的核心要义是以主动进取精神汲取知识、探索知识并以卓越的创新精神进行知识创新。自学有三大要义，即独立学习、自主求知、主动创新。自主学习，是指善于利用一切可利用的知识载体、实验设备和器材等条件，充分发掘自身学习潜力，积极独立思考、主动探索创新，充分掌握求知的主动权，有目标、有计划、分步骤地独立进行探索性学习。

强化自主学习意识，在学习中加强自我管理、自我检测和评估，用追求卓越的创新精神引导自己独立思考、深入钻研，不断提高学习和创新的效率。强化主体意识，培育主动进取精神，增强自觉性、主动性、积极性和创造性。改变那种课堂被动灌输、被动听课、机械记忆、单纯从教师口中获取知识的被动学习方法，充分开发自己的学习潜能。

人人都知道自学很重要，人人都知道自学能成才。自学能力中最核心、最关键的能力就是自主求知的创造力。自学，分为校内自学与校外自学。从知识内化的独立自主、不可替代意义上说，任何学习都是学习主体的自学，其他人无法替代。很显然，人们在大学与中学时代的自学能力是不一样的。相对于大、中学生来说，小学生的自学难度则更大。实际上，学习本身包括自学，自学能力是一个人全部学习能力的一个重要部分。自学与求师、自学与学校教育、自学与群体学习是相辅相成的。自学历来是人们获取知识的重要途径。自学能力是一种综合能力，是自学者独立获取知识、探索知识并创造性运用知识的能力的总和。

纵观古今中外，自学成才者难以计数。这些自学成才、成名者不仅具有非凡的独立求知能力（包括获取知识和探索知识），而且具有卓越的独立运用知识在实践中进行发明创造的能力。世界上有许许多多的发明创造，就是由这些学历不高但却终生勤奋自学的有志者取得的。从这些众多的自学成才者身上，可以得到一个重要的启示：自学能力蕴含着创造力，卓越的自学能力之中蕴含着巨大的成功潜能。

世界发明大王爱迪生，是一位自学成才的典范。他小学三年级就辍学回家，然而，他却靠自学在一生中获得了专利水平的发明 1290 项，成为全世界公认的伟大发明家。

伟大的自然哲学家、数学家、物理学家笛卡尔没有上过大学，但却靠自学创立了解析几何。

化学家戴维发现了钾、钠、钡、硼、镁、银等元素，但他 16 岁就给一名医生当学徒，全靠晚上自学增长才智，后来成为英国皇家学会会长。

物理学家焦耳的名字，现已成为功和能的单位，但他没上过大学，从小跟父亲学酿酒，后来靠自学发现了能量守恒与转化定律。

世界上第一台发电机的发明者法拉第、避雷针的发明者富兰克林，蒸汽机的发明者瓦特、火车的发明者斯蒂芬逊等都是靠自学成才的。

我国著名数学家华罗庚、曾经担任复旦大学副校长的荣祖泉、著名音乐家聂耳等都是自学成才的佼佼者。成才之路千万条，自学不仅可以成才，而且可以成大才、成雄才、成英才。纵观古今自学成才者，他们之所以能学到比较扎实的知识，而且学有所成、学有创新，并在发明创造实践中取得巨大成功，是因为他们的知识、自学能力、治学方法都是在艰苦的实践中自己摸索、锤炼和总结出来的。他们善于在学习过程中独立观察、独立分析、提炼总结，并不断调整求知方法，以探索适合自身特点的学习方法、研究方法和创新方法，从而不仅通过自学学会并记住了知识，更重要的是在自学中锻炼和培养了创新意识和独立创新思维能力。与此形成鲜明对照的是，一些从正规大学毕业的大学生走上社会后，其发明创造力反而赶不上这些自学成才者。究其原因，恰恰是由于在“保姆式”“填鸭式”等灌输式教育和分数至上的应试环境中，学生只注重学业考试和学分的过关，而忽视了自学能力的培养，独立获取知识、独立运用知识解决实际问题的能力得不到很好的锻炼，只知死啃书本，只会做习题，学习缺乏主动性和创造性。在这方面最有说服力的现象就是所谓的“高分低能”现象。

强调自学能力的培养并不是否定学校教学的重要性，而是说明自学能力是21世纪公民的基本素质，是21世纪高素质人才的第一发展素质。21世纪的信息社会是典型的学习型、“创新制胜型”社会，非凡的自学能力是在全球化国际竞争中走向成功、立于不败之地的重要因素。

根据主客观条件选定专业。自学受主观条件和客观条件的制约。这就需要对自身有一个正确的估计，对条件有一个正确的衡量。如知识基础、能力基础、身体条件、经济状况、工作环境、人事关系等对自学会有什么影响，能否克服困难，达到目标。只有正确估计这些主客观条件，才能选好专业。

根据爱好、特长确定主攻方向。爱好、特长是人才发展的优势，每个自学者情况各不相同。自学者选择目标，一定要在需要与可能的前提下，充分发挥自己的才能优势。这是因为，爱好、特长能调动人的主观能动性，一旦得到发挥，就会产生战胜各种困难的信心，使其坚定不移地积极进取。

按层次阶段逐步实现。要实现自学的总目标，必须按层次分阶段进行，即在自学总目标确立之后，根据知识体系的内在逻辑和自身的智能基础，把实现总目标的要求分成若干层次，由低到高、由近及远逐个解决，逐步突破。但是，这个设想要做到切实可行，就需请教于师友，请他们帮助制订恰当的自学计划。

总之，确立自学目标是一个比较复杂的问题。它既需要有战略战术思想作指导，又需有具体的措施和方法，根据各方需要、自身可能与客观环境，充分分析利弊，扬长避短，确定一个合适的自学目标与自学方案，以便确保自学成才。

二、学会制订学习计划

制订周密的学习计划有利于合理安排与科学使用时间。人的生命长短，是用时间来计算的；人的价值大小，是用他占有的知识多少和为社会贡献出的智能来衡量的。华罗庚教授曾指出：“时间是由分秒积成的，善于利用时间的人，才会做出更大的成绩来。”鲁迅先生认为：“节省时间，也就是使一个人的有限的生命，更加有效，而也即等于延长了人的生命。”把时间与生命联系在一起，是一个多么值得思考的命题！因此，制订周密的学习计划，并做到合理安排和科学使用时间，对任何想学有所成的人来说，都是至关重要的。我们绝不应该让宝贵的时间付诸东流。

制订周密的学习计划有利于培养良好的学习习惯，实施学习计划又能激发自学的热情，磨炼意志。现实生活中的种种矛盾，总是不断地冲击着人们，这就需要学习者用强烈的情感、坚定的意志去强化自己的理智，排除一切困难和干扰，强迫自己去执行自学计划，这对意志力就是一个很好的磨炼。同时，按自学计划获得成功，又会激发起更积极的学习热情。

学习计划是自学者个人学习上的自我管理。因此，制订自学计划一定要实事求是，做到具体、切实、可行。这就要求制订自学计划要做到以下几个方面：

要根据自己的兴趣、爱好、特长与知识基础，区别对待不同学科。对于那些平时兴趣浓厚、基础扎实的学科，要把主要精力放在理解消化上；对那些抽象、枯燥，不感兴趣的学科，要集中精力攻难关，直至学出兴趣爱好来，真正打好基础。

要根据不同学科的科学知识体系的内在逻辑，考虑已掌握的知识结构与自身的智力结构之间的联系，去确定主攻方向和自学时间的分配。要排定先后次序，安排恰当进度，使掌握的知识程度与时间进度符合学习的认识过程规律。

要结合自己的学习特点和优势，分别采取不同的学习措施和手段。不管使用什么样的自学方法，最根本的是加强独立思考，理解消化，熟练掌握，加强记忆，并注重实际能力的培养。此外，还要考虑到，制订计划只是按常规情况下制订出来的自我管理要求，免不了事后出现冲击计划的种种干扰因素。这就要求制订出的计划要留有余地，同时制定出落实计划的保证措施，来保证自学计划顺利实施。

三、掌握科学的读书方法

教育学认为，人们学习的过程，就是了解前人已经获得的经验和规律的特殊认识过程，而学习最基本的方法就是读书。读书可以快捷地积累知识，可以提高分析问题和解决问题的能力，读书是不断走向发展创新的正确有效途径。因此，掌握科学的读书方法，学会积累知识的本领，也是自学成才的必由之路。大体说来，科学的读书方法主要有以下几种：

1. 程序式读书法

读书需要遵循一定的程序和步骤，要系统、完整、循序渐进。程序式读书法通常分为五个步骤，即看、读、问、背、习。

看，即翻看。自学首先要看很多参考书、教材或资料。那么，拿到一本书，先要看目录和前言，了解其大概内容。然后，走马观花地浏览全书，粗略了解内容梗概，在此基础上，考虑书的深浅适度情况是否符合自学所需，很快决定取舍，以免因为过深或过浅而陷入误读。

读，即阅读、研读。对需要阅读之书，要先用较快速度粗读全文，了解内容概要及主要论点。然后再认真细读，深入思考研究，了解全书重点，理解重要内容。粗读时对难点、疑点可以做下记号，暂且放过，把书读完。回过头来，对重难点以及有精读必要的地方，要潜下心来反复研读，认真思考，务求弄懂弄通，切莫不懂装懂，读完了事。

问，即提问、质疑。对指定自学计划内的书，或决定重读的好书，要认真对待，审慎阅读。对不懂的问题，在百思不得其解时要虚心向别人请教，提出问题求得解决。同时对书中的每个重点、难点问题做认真思考，然后把自有知识或其他书上的论点，与此书中的论点加以联系、比较、分析，看它们之间有何异同。要从无疑中质疑，再从有疑中想法释疑，最后达到疑问全解为止。这是一个独立思考研究问题的重要环节。

背，即背诵、记忆。这是巩固读书效果的可靠方法，也是古今学者成功的诀窍。通过背诵、记忆，可以将书中知识划为自己头脑里的知识，在此基础上再经过知识的联想、想象、组合才能发展成为知识的创新。所以，学习程序离不开读书背诵的功夫。

习，即复习、温习。从学习、温故到发展创新，是一条学习规律，任何学习者都必须遵循。古人云："读书百遍，其义自见。"这是对复习、温习书本知识的好处的经验概括。读书必须温习，温习的过程既是加深理解的过程，也是加强记忆的过程，熟练掌握知识的过程。

2. 框架式读书法

从系统论角度来看，不同学科都有一个系统性、科学性的内在逻辑联系，都是由一定的知识结构序列所组成的，呈现出一定的带有规律性的框架形式。所以要求读书过程中将随时见到的内容，分别纳入对应的框架之内，这样做，不但能加强理解，有利记忆：而且思路明确，层次结构鲜明。用这种方法读书，就叫作框架式读书法。

3. 博览式读书法

博览式读书法提倡不专看一家之书，不只看本专业的书，不只看与自己观点相同的书；而是要博览群书，广泛猎取，多方吸收，如同蜜蜂一样百花配蜜。这样，日久天长方可臻善臻美，精深博大。

4. 出入式读书法

出入式读书法就是要做到既能“钻进去”，又能“出得来”；既能“意会”，又能“言传”。这一进一出就能“去尽皮，方见肉；去尽肉，方见骨；去尽骨，方见髓”，层层剥去，领会精要，才能心领神会，融会贯通。

5. 体系读书法

体系读书法要求从整体上把握全书的基本体系结构，然后逐条细致分析，做出标记。

6. 专题读书法

专题读书法，是在事先选定课题或确定研究方向的基础上，按个人的需要，围绕某一个问题进行专题读书的方法。专题读书目的明确，内容集中，容易在某一个专题方面获得较为全面，较为深刻的知识。

7. 标记读书法

边读边用不同符号做标记，也是一种简明、便于理解记忆、易于检查的好的读书法。古人云，不动笔墨不读书。读书养成动笔习惯，可以随时把读书的心得、体会乃至激发思想的火花迅速记在书上，为以后深入学习研究提供方便。

8. 协调读书法

协调读书法可以使感知、记忆、思维想象等各种心理活动协调起来，从完善感知功能、增强记忆、锻炼思维、发挥想象、培养兴趣等方面加强联系，密切配合，强化读书效果，达到提高读书功效的作用。

9. 创造性读书法

创造性读书法以对原书内容的深化和再创造为目的。阅读时用批判的眼光去思考问题、凭借科学的思维去分析问题，对原书内容有选择地吸收理解后而进行发展创新。其全部过程是阅读—思考—钻研—创新。

四、注重提高记忆力

人脑中储存的一切知识都是记忆的结果。心理学告诉我们，人的记忆潜力是十分巨大的，只要遵循记忆规律，掌握记忆技巧，人人都可以获得很好的记忆力并能成为知识的富有者。

若要记住，必须与遗忘作斗争。遗忘是人人都有的一种心理现象。它有一条重要的规律就是先快后慢。德国心理学家艾宾浩斯曾做过一个试验，他用无意义音节作为学习和记忆材料来测量遗忘的进程。在学习材料刚刚记下1小时后，被测试者对他们学习的材料只记得44%；第一天结束，所记住的材料还剩33%；六天以后，记住的材料只保存了25%。这个试验证明：人们的遗忘，最初是急剧下降的，但随着时间的推移，遗忘速度会逐步降低。

根据每个人的具体情况，遵循记忆和遗忘的规律，适当运用记忆方法，不仅可以大大提高记忆能力，还可以提高人的记忆速度、广度、精确性和长久性。

1. 系统记忆法

零碎的珠子，我们一只手抓不了几粒，如果用一根线把珠子串起来，提起线头就可带起一大串。记忆也是这样。分散的、片段的知识记得不多，也不能长久保持。把知识条理化、系统化了，就会在脑子里留下深刻的痕迹。

系统记忆法就是按照科学知识的系统性，根据事物内在联系结合为一个系统的记忆方法。这种方法把知识理顺成章，编织成网，这样记住的知识就是一串。

比如，记忆圆形、扇形、弧形的面积公式时，就可以这样记忆。首先抓住这三种形状的关系：扇形是圆形的一部分，弧形又是扇形的一部分，然后再把计算这三种图形面积的公式串起来。这样记起来，就不困难了。

把知识系统化，还可采用列表比较的方法。记忆固然是智慧的仓库，但是这个仓库里不能杂乱无章，应该把各种知识分门别类放在应放的位置上，这样记得清楚，提取也方便。在列表的过程中，也可以培养比较归纳的能力。通常情况下，一张表画出来了，知识在脑子里也就清晰了，不需要专门去背，也能记得牢。

2. 联想记忆法

“记得绿罗裙，处处怜芳草”，这两句诗的意思可以这样理解：因为喜欢上了穿绿罗裙的人，所以，看到了绿色的芳草也觉得十分可爱了。从记忆的角度说，这是从颜色上建立了联想。联想和记忆关系密切，记忆以联想为基础，联想又是记忆的一个重要方法。

运用联想记忆法，可采用下面的三种联想方式：

第一，接近联想。某些客观事物，由于在空间上接近，或者在时间上相同，或者前后相连续，在大脑里就容易产生联想。比如，我们会由水库想起水力发电机、由月亮想到星星等。我们要利用大脑的这种本领来加强记忆。比如，学习古汉语，靠天天死记硬背，固然也可以弄懂一些词语，学会一些句式，理解一些文义。但是，如果我们能够把它和现代汉语联系起来，把意义相近的词语、相近的句式放到一起，比较一下它们的异同，就可以理解得更深，记得也更牢固。

第二，对比联想。由于客观事物存着对立性，容易引起大脑产生联想，如由黑想到白、由善想到恶等。按照这一规律，我们学习语文时，就可以有意识地把反义词收集在一起，进行对照；在学习数理化课程时，把对立的公式、规律、逆定理等收集在一起，就能加强理解和记忆。

第三，类比联想。这是由于客观事物在本质或现象方面有类似的地方而产生的一种记忆方法。本质方面类似的事物，我们可以采取分类比较的方法进行记忆，这样不仅容易记住，而且分类工作本身需要进行比较、鉴别，就已经有了加强记忆。

3. 交替记忆法

“文武之道，一张一弛”，意思是指要文武交替结合，互相补充，才能治国平天下。在记忆上，同样也要“一张一弛”，注意交替，即要做到学习和休息、学习和体育锻炼互相交替。只有科学地用脑，才会取得最好的学习效果。

列宁便是正确使用交替记忆法的一个典型人物。他在给妹妹乌里扬诺娃的一封信中，详细描述了他的具体想法和做法：“我劝你按现有的书籍正确地分配时间，使学习内容多样化。我很清楚地记得变换阅读和工作的内容，温习以后改阅读，写作以后改做体操，阅读有分量的书以后改看小说，是非常有益的，不过最重要的是不要忘记每天必须做体操，每天要使自己做几十种不同的动作，这是非常重要的。”

4. 协同记忆法

在学习中，把耳（听）、眼（看）、口（念）、心（注意），全部使用起来，在大脑皮层上建立起视觉、形象、声音、动作的多种暂时联系系统，就会构成立体形象，记忆效果就会大大提高。这一方法，被称为协同记忆法。朱熹曾经说过：“余尝谓，读书有三到，谓心到，眼到，口到。心不在此，则眼不看仔细，心眼既不专一，却只漫浪诵读，决不能记，记亦不能久也。三到之中，心到最急。”朱熹谈的“心”，可以理解为集中思想的注意力，并在此基础上通过眼睛看、口读等感官活动，达到记忆目的。这种见解符合现代心理学原理，是古人应用协同记忆法的范例，我们应主动实践应用此法。

5. 浓缩记忆法

吃饭，主要是为了吸收食物的营养和精华，满足身体的需要，所以古人说“食不厌精”。记忆，也不可能记住世上的万事万物，应该只是简明地记住对我们有价值的东西。因此，在学习中，应该学会运用浓缩记忆法。浓缩记忆法的基本精神是吃透所学的知识，对其融会贯通，挤去“水分”，记其精华。

浓缩的过程，就是删繁就简、化多为少的简化过程。知识经过筛选、过滤、简化，数量减少了，质量提高了，就更容易记忆了。如把“中华人民共和国”缩略为“中国”，把“体制改革”缩略为“体改”，把“数学、物理、化学”缩略为“数理化”，把党的基本路线缩略为“一个中心，两个基本点”等。

浓缩记忆法，适用于记忆内容较多、较系统而深奥的文科知识和社会科学知识；对某些基础知识，如识字、数学计算公式等，便不适用。

上面介绍的记忆方法，在学习时要灵活掌握，综合使用，并根据自己的记忆特点创造出新的记忆方法，这样才能大大提高学习效率。

五、学会利用时间

时间就是生命，时间又是生命的里程，比之时间长河，人的生命是那么短暂。古往今来，多少人发出无可奈何的叹息：“生年不满百，常怀千岁忧。昼短苦夜长，何不秉烛游！”这是《古诗十九首》中的吟叹。“夫天地者，万物之逆旅。光阴者，百代之过客。而浮生若梦，为欢几何？”这是李白的慨叹。“人生在这里只有两分半钟的时间：一分钟微笑，一分钟叹息，半分钟爱；因为在爱的这半分钟中间他死去了。”这是歌德的感叹。因此，在这短暂时间里，如何使我们活得有意义，是每个青年朋友都应思考的问题。而在短暂时间里成才，怎样有效利用时间便成为创新性学习的关键环节。

第一，提高时间利用效率。在短短的生命旅程中，不同时期，不同时间段人的效率是不同的。这就有一个如何利用最佳时区和最佳时间的问题。

最佳时区，是人一生中一段精力最充沛、思想最活跃、最利于创造的年龄区。有人统计了 1960 年前的 1234 位科学家、发明家做出的 1911 项重大科学创造发明的年龄区，表明科学家成名的最佳时区是 25 ～ 45 岁。

最佳时间是一天中人的精力最旺盛、思维能力最强、工作效率最高的时间。人在一天 24 小时内的活动能力，像大海的潮水一样，有涨潮和退潮。正常情况下，每天高潮和低潮总是有规律的。这种规律因人而异，可分为三种类型：一是猫头鹰型（晚型）。这种人一到夜间，脑细脑转入兴奋状态，效率特别高，深夜才能入眠。像鲁迅、福楼拜、巴尔扎克等都属于猫头鹰型。鲁迅说："夜间是作者的天堂。"他每夜写作到凌晨1～2点。法国作家福楼拜通夜写作，房中灯光成为塞纳河上船只的航标。巴尔扎克常常从半夜工作到中午，在圆椅上坐12个小时，在这段时间里他的灵感如喷泉一样迸发。二是百灵鸟型（早型）。清早和白天的效率特别高，像艾青、姚雪垠等人喜欢早晨3点即起床工作。三是混合型。这种人的思维活动和工作效率在一天中起伏不大。早型的优点是与工作、生活无矛盾，对身体健康影响小，记忆效果好；缺点是早晨可利用时间短，上午为工作时间，不好用来学习，因此，早型者要合理安排时间。晚型的优点是夜晚有大段时间可以自由支配，尤其对写作有利；缺点是晚上不休息，白天疲倦会妨碍学习和工作，长此以往会影响身体，因此最好不要超过深夜12点。必要时，可把晚型改变为早型，办法是晚上提前睡，早晨准时起床，跑步到出汗，然后喝一杯热茶，按此法连续练两个月，晚型就可转变为早型了。把最重要的事放在最佳时间办，就可事半功倍。一般学习时间的前5个小时内，时间和学习效果成正比，但在5个小时后，时间越长，效果越差，因此应集中于高效时间学习。

第二，保持时间的弹性。如何分配时间，是时间运筹的重要内容。有位青年自学英语，因为时间充裕，就安排了如下的日程表：上午背4个小时，下午做3个小时，晚上默写2个小时。想不到这样集中时间"轮番轰炸"的结果，却使他头脑发胀，记忆减退，体质下降。相反，有一位初中毕业生，决心跳过三年高中，直接考进大学，他采取立体交叉学习的办法来分配时间：早晨饭前，背公式、想定理、看中心问题和章节要点；上午一般看教科书，下午做习题，到四五点钟时，找点综合性的难度较大的题做做，累了看看其他内容，晚上再看书。该学习就学习，该玩就玩，该锻炼身体就锻炼身体。结果，他3个月就自学了高中的主要课程，以优异成绩考上了清华大学。这正反两个事例表明：时间运筹中要保持弹性原则，既紧张又有计划，注意调剂。

保持弹性有三类方法，其一，劳逸结合法。读书、研究、工作和休息、体力劳动相间隔进行。英国剑桥大学贝弗里奇教授说："如果科学家连续工作时间太长，会丧失头脑的清醒和独创性，就会变得迟钝、呆滞和智力上的闭塞，体育锻炼就可以防止这些问题。"人脑血管接起来的全部长度达120公里，长时间用脑，会使大脑供氧不足，思维能力下降；适当锻炼，能补充氧气，使头脑变清醒，思考敏捷。马克思研究问题，从来不是无休止地持续下去，过上几小时，他会停下来散散步，活动一下身体。有时，穿插着读莎士比亚的名著，背一下剧中对话。有时，他和孩子们玩上一会儿。其二，优势游走法。这是医学术语，即当大脑某一功能区活动占优势时，其他区就受抑制而处于休息状态。平时，人们都在不自觉地利用此法。其中有四种方式：一是“读—算”式。利用计算功能区的活动来抑制阅读区，使后者休息；二是“写—听”式，利用听觉区的活动来消除书写区的疲劳；三是“思—读”式，利用阅读区的活动来转移思维区的紧张；四是纵横式，即不同学习内容更替式，这样脑力活动就可以保持较高水平，可以减轻脑力紧张。其三，功能协同法。学习时应做到眼到、心到、手到。人们常常有这样的体会，读书只用一种方式，时间一长，容易产生昏昏欲睡的感觉。如果读、思、写三法齐用，协同作战，就会倦意顿消，注意集中。如阅读时，可做笔记、加眉批、编歌诀；学外语时，可以配合阅读、朗诵，效果更好。

保持时间的弹性安排要有主次、轻重、缓急之分。学习时，读书是主要的，体育活动只能为辅。读计划中的书，时间应该多些，读插进来的参考书，时间则少些。总之要因事而异，分配最恰当的时间数量。

第三，利用零星时间。在日常生活中，人们常讲没有时间是指没有整块时间，而零星时间是经常存在着的。善于利用时间的秘密在于利用零星时间。所以强调零星时间，不仅因为一个人踏上工作岗位后，时间被分割成零块碎片，很难有整段整块的时间来学习，而且因为时间是以单元计算的，聚沙成塔，集腋成裘，积少成多。德国哲学家费尔巴哈说：“在空间中，部分小于整体。相反，在时间中，至少在主观上，部分大于整体。因为在时间中，只有部分是现实的，而整体只是想象的对象。因为现实的每一秒钟，对我们说来，比想象中的十年是更长更大的一段时间。”诺贝尔奖获得者雷曼说：“每天不浪费或不虚度或不空抛剩余的那一点点时间，即使只有五六分钟，如能利用，也一样可以有很大的成就。”有人问达尔文：“你一生怎么做了那样多的事呢？”达尔文答道：“我从来不认为半小时是微不足道的、很短的一段时间。”

零星时间有三种利用方式：其一，嵌入式，即在空白的零星时间里加进内容。人由某种活动转入另一种活动，中间会留下一小段时间空白，可以利用。比如经常出差，就可以带书上车，利用乘车的时间读些书。其二，并列式。在某项松散活动期间，同时进行另一种活动。英国女作家勃朗特家务很重，她每次在厨房里干活都带纸和笔，边干活边构思，边记录。其三，压缩法。延长某一种活动时间，把零星时间压缩到最低限度。“不要让身边琐事无限膨胀”，这是古往今来成才者用毕生心血总结的至理名言。

第六章 思维创新在日语教学中的应用

第一节 思维创新在日语课堂教学中的尝试

有一位著名外语教学专家认为，情感与性格是启动认知技能发生作用必不可少的发动机。轻松、愉快的学习气氛和环境对学习者的精神面貌、自我形象会产生积极的影响。创设一种平等、民主、和谐、宽松的课堂氛围，有利于学生迸发出创新的火花。

一、以语感带动听、说、读、写活动技能

日语是一门实践性很强的课程，离不开听说读写，说话人准确表达自己的意图，听话人及时适应表达者的语言习惯，准确领会其具体情景的叙述，种种情况都受某一情景的限制。创造一个相对宽松、和谐的日语环境，让学生置身于语言表达的氛围中，从而能产生一种意想不到的效果。这种环境的设计要以学习日语知识为目标，以交际能力、素质培养为核心，教师可通过自己的语音、语调、动作、表情、姿态、手势把语言变得更加生动有趣，学生通过看景、听音、会意，使音义直接联系，提高日语思维的能力。在运用于实际生活的对话中，学生可以分别扮演不同的角色，从而有效地消除学生学习日语的心理障碍，开创敢想、敢说、爱讲的局面。

在表演过程中，以语感带动听说读写活动技能是非常重要的。语言的要素有语音、语调、词汇和语法、语篇，这些都不能是单一独立、分割开来的。学生语言能力的发展不仅仅是语言逻辑的训练，也不仅仅是语言规则的推理和演绎，更重要的是通过语言实践而逐步形成的语言直觉，即语感。语感越强，就越能加速学习和创造性地运用。学生通过大量的口头练习就可以不知不觉形成日语思维。写是各种创新思维能力的综合表现，对学生用日语分析问题、解决问题的能力以及逻辑思维的能力提出了挑战。要求学生每星期写一篇小对话或小短文，或设置某种写作情境，这些都离不开语感的支持。因此，形成良好的语感对语言的学习至关重要。

二、通过多种思维训练，增强创新思维的能力

在教学中，笔者经常采用以下方法来培养学生的想象力：

自由对话或小剧表演。在教学中每学完一个对话，除了让学生扮演外，还要让学生根据所学对话和旧的知识创设情景自编一个新对话。通过这种训练，学生会逐渐从单纯的方法模仿发展到思维模仿，从而激发学生的创新思维。

对话接龙。对话接龙法，就是学生一个接一个相互衔接地编对话，前一个学生所讲的内容是后一个学生所讲的内容的基础，后一个学生所讲的内容是对前一个学生所讲内容的延续和发展。

看图说话。它不仅能巩固所学的语言知识，还能训练学生的想象力和语言表达能力，开发学生的发散思维能力。出示一幅图，某人在家吃早饭的情景，考虑几分钟，自编一段对话介绍这幅图等都是有益的手段。

创设质疑情境，让学生由过去的机械接受向主动探索发展，这有利于发展学生的创新个性。质疑就是不依赖已有的方法和答案，不轻易认同别人的观点，而是通过自己独立思考、判断，提出自己独特的见解，其思维更具挑战性。它敢于摆脱习惯、权威等定式，打破传统、经验的束缚和影响，它在一定程度上推动了学生的理解与发散思维的发展。

三、变个人竞争为小组合作

小组合作就是教师创设问题情景，学生独立思考、实践或探究发现，在做好准备的基础上，开展结对子或小组讨论或其他活动，进行小组交流合作学习。小组合作能给予学生面对面交谈和独立运用语言的机会，产生信息的交流，并且在双方的交互活动中获得反馈，给予修正。小组活动能使班上更多的学生在同一时间内投入活动中去，更能营造一种互动的课堂效果和交互的情感气氛，题材更多样，使学生觉得更自由，有更多的选择、更好的机会说他们想说的话，也就更有责任感，更能发挥自主性。例如，学生可以按照自己的意愿选择亚洲、非洲、欧洲等某一洲进行虚拟生活（自然分组），并要求不同选题组的学生把本洲的风土人情或气候特点以双语图解、日语小品等形式自编自演出来。在这样的合作交流中，学生之间相互启发、相互讨论，思维由集中而发散，又由发散而集中，个人的思维在集体的智慧中得到发展，而让每个学生在小组合作中动手动脑，更是发展其创新思维的有效方法。

总之，在日语课堂中，教师应通过各种途径，从多方面培养学生的创造性思维，它符合启发性教学原则，更能有力地促使学生广泛、灵活地思考，

增强学生的想象力和应变能力，激发学生的学习欲望，培养学生思维的敏锐性、流畅性、变通性及独创性，同时还能培养学生敢于创新的精神，为学生的智力发展和创新精神的培养提供有效的途径。

第二节 在日语教学中培养学生的创新思维能力

随着新一轮课程改革的全面推行，如何在日语教学中培养学生的创新思维能力，使学生跳出教材框架，学活课本，从而使学生变得更聪明，更具创造力，也成为我们日语教师亟待解决的重大课题。笔者试结合在多年的日语教学实践中所做的积极探索，谈个人的几点粗浅看法。

一、针对教育对象，倡导合作互动，活化教材，有利于拓展学生创新思维空间

《新版标准日本语》内容新颖，贴近现代生活，为学生学习日语提供了大量的信息，但是教材中的图文都是静态的，其内涵具有一定的内隐性。如果教师能设法让这些静态的图文动起来，最大限度地开发学生的想象力，再现情景，那么课堂就会增大容量，课堂内容就会变得丰富，从而极大地提高教学效率。为了做到这一点，进一步拓展学生的创新思维空间，笔者采取合作互动的方法，即让学生在教师的指导下，根据课文内容，分组进行情景模拟。

在情景模拟演示过程中，教师要鼓励学生大胆创造，尽力做到“活”“广”。在这里，所谓“活”，是指再创造要灵活，既忠实于教材原有设计，又不受其束缚，其内容可以合理取舍，大胆增删，只要能更好地服务于教材与教学就行。所谓“广”，是指学生人人参与、个个展现。总之，学生情景模拟演示，既可以使他们熟练地掌握课文中的知识点，又能更好地培养他们自身的思维和开启他们的才智。再者，在课堂教学中，学生站在讲台上，表演自己亲自编创的情景对话时，同样有益于提高学生的创新精神和实践能力。这种一举数得的事，我们何乐而不为呢？

但是在刚开始的时候，实施起来并不是那么容易，大学生不像初、高中学生那样踊跃表现自己，往往是他们在私底下做得很好，但是不想在人前展示。针对这种情况，笔者身先士卒，给大家做示范，并且观察学生，发现那些活跃的学生，让他们开头，即使开始说得不好，也加以鼓励和表扬，来调动大家的积极性。于是，大家不再有顾虑，纷纷拿出自己的“作品”。不仅激发了他们的学习兴趣，同时还有利于拓展学生的思维空间，提高他们的实践能力。

二、立足“学用结合”，精心设置学案，有利于激发学生创新思维潜能

“学用结合”是外语教学中最为推崇、也是最为基本的一种教学思想（或称教学理念）。在日语教学中，笔者立足于“学用结合”，力求学生做到学有发展，学以致用，既学得活，又学得透。强调学生在学中用、在用中学，要求充分理解而不是死记硬背。把掌握知识的重点放在思考力的发掘和培养上，根据学生思考问题的方式和特点，通过各种渠道把知识结构铺垫成学生思维的方式，通过提问、探索和点拨，引导学生思考，鼓励学生多角度思考，在学习知识的同时，训练思维方法，用思维方法指导学生知识的学习。

学生要掌握好基础知识，是与教师的正确引导分不开的。古语云：“授之以鱼，不如授之以渔。”只有教会了学生科学的学习方法，他们的能力才会提高。针对学生在起始阶段日语基础较差，为学生精心设置学案，可对每单元的课文阅读采取“自学探究”“合作学习”和“运用创新”相结合的方法。

“自学探究”，是指学生针对学案中的目标和要求进行预习，在探究过程中完成猜词义，分析句型，归纳课文重点、难点等任务，发现问题。“合作学习”，是指让学生在充分预习的基础上，在课堂上展开共同的合作学习研究活动，教师在关键处进行点拨，针对学生的疑难进行解答。在课堂整体教学上，学生“探究”，教师“点拨”。然后，在“自学”和“合作”的基础上让学生去“运用创新”，教师精选文中出现的重要词汇、句型编成练习题，让学生进行必要的巩固，使他们把学到的知识转化成能力。

实践证明，这样做，学生不是学少了，而是学多学活了。在教师引导学生自学时，教师结合目标语言教学，让学生针对目标语言，学用结合，有效地激发了学生积极思考、发现问题、提出问题和解决问题的潜能。课题的实施也无疑使学生自学和运用日语的能力得以明显提高。

第三节　创新教育在日语教学中的应用实践探索

创新是一个外来词，是从英文“Innovate”（动词）或“Innovation”（名词）翻译过来的。根据韦氏词典所下的定义，创新的含义有两点：引入新概念、新东西和革新，即“革故鼎新”（前所未有）与“引入”（并非前所未有）都属于创新。“现代创新之父”，美籍著名奥地利经济学家熊彼德于 1912 年提出创新论。他认为，“新的或重新组合的或再次发现的知识被引入经济系统过程”称为创新。他不仅把创造、重新组合、再次发现视为创新，而且强调“把知识引入经济系统”才算完成创新过程。这恰好与我国目前教育要解

决的两个重点问题——培养创新精神和实践能力不谋而合。创新教育是培养学生再次发现的探索能力、重组知识的综合能力、应用知识解决问题的实践能力和激发他们的创造能力的一系列教育活动。把创新理论作为指导创新教育的基本原则是非常必要的，这更符合深化教育改革的实际要求。日语教学工作也必须顺应时代的要求，构建新的模式，探索新的途径。日语课堂教学需要创新。时代在发展，形势在变化，日语教学发展不断呈现出新特点，日语课堂教学要适应新情况，解决新问题，就需要在继承以往日语课堂教学的经验和成果的同时善于创新。离开创新，如果简单地沿用过去的思路和办法，日语教学显然难以奏效。

一、创新教育的特征

创新教育是在创造教育思想的基础上，根据“创造学”和“教育学”原理，针对传统教育中有碍人的创造力提高的问题而提出的。所谓创新教育就是培养学生综合的创新素质。它包括创新意识与动机（触及的是“想不想”创新的问题）、创造精神（决定“敢不敢”创新）、创新能力（包括创造性思维与创造技能，解决的是“能不能”创新的问题）和创造个性（“善不善”创新）等要素。创新教育通过“创造的引导者”——教师应用创造性思维教学策略提供创造的环境，激发“创造者”——学生的“创造动机”，培养“创造的人格品质”，以发挥创造的潜能。就其目的而言，创新教育在于启发学生的创造动机，鼓励学生创造的表现，以增进创造才能的发展。就其内涵来看，它是教师通过课程内容及有计划的教学活动，以激发学生创造行为的一种教学模式。就教师本身来讲，创新教育要求教师因时制宜，变化教学方式进行创造性思维教学。

在实施创新过程中充分体现了创新教育的特点，认真深入地研究这些特点，对创新教育的发展起着重要的作用。

（一）教育主体个性化

创造心理学告诉我们，人人都有创造欲望，人人都有创造性。人的个性差别是不可否认的。教育必须承认这种差异，并赋予每个人自由发挥的机会和权利，让他们通过选择，在自己擅长的方向上去发展，以自己的优势去超越、去突破、去创造。

（二）师生关系民主化

作为一名教师，不懂得尊重、平等、信任，就不可能真正地去爱护学生。民主、平等、自由、公正是人类社会的永恒追求。教育必须参照这一价值目标，营造一种相互理解、相互尊重的氛围，使学生从“客体”变为“主体”。学生只有乐观而自信，才能不“唯上”，敢于发表自己的见解，提出自己的疑问；才会变得生动活泼，积极主动，表现出强烈的求知欲和蓬勃的创造力。

（三）教学评价科学化

教学评价科学化应以重视个性为指导原则，从注重共性转向肯定个性，从知识测验转向多种能力测验，从重结果评价转向重过程评价。教学评价是学校教育的一个子系统，它以服务于教学为目的。而现实教学评价系统却严重异化和扭曲。第一，考试本身被当作追求的目标；第二，考试成了教师指责学生、厚此薄彼的借口；第三，学生违背自己的发展愿望，放弃自身的特长、兴趣，在“书山题海”里耗费自己的精力，在“标准答案”中消磨自己的智慧与灵气。首先，科学评价要从注重共性转向尊重个性。人的创造力不仅表现在科学研究领域，它同时也表现在政治、商务、管理、组织、艺术、体育等许多领域。尊重个性应成为评价内容的重点，也应成为评价制度改革的指导原则。其次，科学评价要从繁杂的知识测验转向一般能力测验，从重结构评价转向重过程评价。

（四）教育方法多样化，教学手段现代化

教学方法多样化要求教师针对不同的学科、不同的教学内容、不同的学生，应采用多种教学方法与之相适应，切实发展学生的智力，强调启发式教学。随着信息技术的广泛应用，经济社会迅速发展，教师在创新教育中必须采用新的现代化教学手段，如采用微机和多媒体手段，来激发学生的兴趣和创新意识，提高学生的动手能力，从而培养学生的创新能力和实践能力。

二、创新教育在日语教学中的应用

基于以上认识，应该说创造性思维能力和实践性技能训练是创新素质教育的核心。就日语教学来说，过去通常的教法是教师滔滔不绝地讲语法、讲词汇，学生被动地听教师灌输。学生的主动性和积极性受到限制，根本谈不上创新和能力的培养。因此，如何在日语教学中拓宽学生思维的空间，达到知识的传授和综合能力培养的协调一致、同步发展，就显得十分重要。

（一）日语课堂教学要创新首先要树立正确的学生观

许多科学家的研究证明，人的大脑就像一个沉睡的巨人，它比世界上最强大的电脑还要强几千倍。因此，教师要以人为本，激发学生的潜能，相信学生能够独立学习，自主学习，要用发展的眼光看待学生，相信每个学生都有很大的可塑性，是不断变化发展与进步的个体。马克思说：“搬运工和哲学家之间的原始差别，要比家犬和猎犬之间的差别小得多，他们之间的鸿沟是分工造成的。”所以，教师在课堂教学中必须树立正确的学生观，实施“因材施教”，做到尖子生吃饱，中差生吃好，使全体学生自主参与，激励竞争，形成一个“兵教兵，兵教官，官教兵”，全班学生共同提高的统一整体。教师的任务是教会学生学习，而不应把学生看作只会输入的“机器”。

（二）创设教学气氛，给学生安全、自由感，激发学生的创新意识和动机

教师对学生的态度应该是“微笑和点头，专心听他说，鼓励和赞美”。微笑代表一种亲密关系，是一种“我不讨厌你”或“喜欢你”的个体表现；微笑是增进师生关系的润滑剂，也是教师态度改变的第一步。点头表示接纳对方，是一种鼓励，是一种增强，让对方继续表示他的想法。学生看到教师对自己点头，常会受宠若惊，对教师倍感亲切。专心是一种专注行为的表现。教师通过眼神、手势、姿态以及适当的口语反应等方式，集中精神与学生沟通。专注行为对学生的影响是鼓励学生说出他们的观点和想法。教师要学会倾听，除了用耳朵听学生的话外，更要用眼睛注视学生的身体语言。听是解决问题的新方法，在人与人的相处上可以发挥很大的力量。听可以减轻情势的紧张，因为不管是一个多么狂暴、愤怒或冲动的场面，当一方在专心倾听的时候，整个气氛会被缓和。

（三）培养学生的参与意识和协作精神是创新教育的动力

教学中要注意发挥教师的指导作用和学生的主体作用。首先要为学生提供参与教学的机会，不断激发和引导他们的学习兴趣，为他们提供更多的思考和创造的时间和空间。如在日语教学过程中可以设计这样一个游戏：传话筒。全班可以分成四大组，每组的第一位同学是发话人，请后面同学把话传给最后一位同学（受话人），受话人接到请求后，用具体动作行为表现出来。

（四）设疑布阵，激发求知欲是创新教育的良好方法

在教学中教师应善于引导学生于无疑处觅有疑，善于激疑，有意训练学生发现问题的能力。教师可精心设计一组类似的问题，使学生沿着教师引导的逻辑思路步步深入，达到触类旁通的效果，也可使学生按教师的指导自己去发现、探索，并得出结论。

（五）重视学法指导，培养自学能力，是创新教育的关键

教给学生学习方法是优化教育的重要原则。古人云：“授之以鱼，不如授之以渔。”这就是说，教师不仅仅教给学生知识，更重要的是教会学生获取知识的方法和本领，以适应竞争日益激烈的社会需要。著名教育家叶圣陶说过：“教是为了不需要教，不教是为了培养学生有一辈子的自学能力。”因此，指导学生正确的学习方法，培养良好的学习习惯和自学能力，激发学生学习的积极性是创新教育的关键所在。

参考文献

[1] 野田尚史．交际型日语教学语法研究 [M]. 张麟声，等译．北京：外语教学与研究出版社，2014.

[2] 刘晓芳，徐曙，曹大峰．日语教育与日本学（2017·10 辑）[M]. 上海：华东理工大学出版社，2017.

[3] 本尼迪克特．菊与刀 [M]. 一兵，译．武汉：武汉出版社，2009.

[4] 孙清山．日本印象 [M]. 青岛：青岛出版社，2011.

[5] 李兆忠．暧昧的日本人 [M]. 北京：九州出版社，2010.

[6] 平山崇．日语教学法 [M]. 南京：南京大学出版社，2011.

[7] 麦卡戈．认识日本 [M]. 胡克，译．北京：中国发展出版社，2015.

[8] 张佩霞，王诗荣．多元化视角下的日语教学与研究 [M]. 上海：华东理工大学出版社，2009.

[9] 彭广陆，藤卷启森，唐磊．日语语法教学研究 [M]. 北京：北京大学出版社，2013.

[10] 揭侠，汪平，徐卫，等．日语教学与日本研究——中国日语教学研究会江苏分会 2013 年刊 [M]. 上海：华东理工大学出版社，2013.

[11] 于康．语料库的制作与日语研究 [M]. 杭州：浙江工商大学出版社，2013.

[12] 曹大峰．日语教学与教材创新研究：日语专业基础课程综合研究 [M]. 北京：高等教育出版社，2006.

[13] 铁军．通向翻译的自由王国：日语同声传译及翻译教学研究 [M]. 北京：中国传媒大学出版社，2007.

[14] 于康．日语偏误研究的方法与实践 [M]. 杭州：浙江工商大学出版社，2014.

[15] 季林根．日语教学与日本文化研究：2013 年度上海外国语大学日本文化经济学院国际研讨会纪念文集 [M]. 上海：华东理工大学出版社，2014.

[16] 高文，徐斌艳，吴刚 . 建构主义教育研究 [M]. 北京：教育科学出版社，2008.

[17] 杨晓林 . 动画大师宫崎骏 [M]. 上海：复旦大学出版社，2014.

[18] 李志厚 . 变革课堂教学方式：建构主义学习理念及其在教学中的应用 [M]. 广州：广东教育出版社，2010.